Männer !

„Männer –

die faszinierendste Erscheinung
im Spielzeugregal d. Natur...
... nur leider ist die
Gebrauchsanweisung
nirgends zu finden!"

P.W.

Männer!

Wie Frauen über Männer reden

Das Buch der Zitate

Leib & Seele
Zürich

Zusammengestellt von

Kerstin Lenz

Illustriert von

Björn Paulsen

Umschlaggestaltung: Sandra Hennies
Titelfoto: Sker Freist
Gesamtherstellung: Offizin Andersen Nexö
Printed in Germany
ISBN 3-906715-02-7

Inhalt

Vorwort

Wenn neuester Klatsch und Tratsch in stundenlangen Telefonaten ausgetauscht wird – worum geht es dann? Um Männer. Wenn zwei Frauen unterwegs sind und an der Bar miteinander tuscheln – worum geht es dann? Um Männer. Wenn die beste Freundin heulend um Hilfe ruft – worum geht es dann? Um Männer. Um so erstaulicher, daß noch niemand auf die Idee gekommen ist, eine Sammlung zusammenzustellen, in der sich Frauen über ihr liebstes Thema äußern. »Männer! – Wie Frauen über Männer reden« ist die erste deutschsprachige Zitatensammlung, in der sich ausschließlich Frauen äußern.

Schon wieder ein Buch über Männer und Frauen? Schon wieder ein Buch über Beziehungs- und Eheprobleme? Schon wieder beschweren sich Frauen, wie benachteiligt sie sind und wie schrecklich lieblos sie vom anderen Geschlecht behandelt werden? »Männer!« ist mehr. Natürlich beschweren sich Frauen, natürlich geht es um Gefühle, Beziehungen und die Unterschiede zwischen den Geschlechtern, natürlich geht es um Kleinigkeiten, Familie und Sex. Denn das Auge der Frau sieht alles. Wer sonst, wenn nicht die Frauen, die sich tagtäglich mit den Männern herumschlagen, wissen Bescheid, kennen die Vorteile, die Nachteile, Stärken und Schwächen des männlichen Geschlechts. Auffallend dabei, wie übereinstimmend die Aussagen der Frauen sind, auch wenn sie aus unterschiedlichen Epochen stammen. In puncto Männer sind Frauen sich einig – und beweisen eine Menge Humor.

»Männer!« erhebt nicht den Anspruch einer vollständigen Sammlung von Frauenzitaten aus allen Jahrhunderten, einer

Sammlung von Aussprüchen aller bedeutender Autorinnen der feministischen Literatur. In »Männer!« äußern sich hauptsächlich Frauen unserer Zeit – bekannte und weniger bekannte. Nach einiger Recherche stellt man fest, daß Frauen sich ausgiebig geäußert haben, in ganz ähnlicher Manier wie die Männer. Auch Frauen reißen die typischen »chauvinistischen« Kneipen-Witze, die eigentlich den Männern zugesprochen werden. Genauso findet man hochgeistige, intelligente und durchdachte Sprüche von Persönlichkeiten aus allen Zeiten. Selten fehlt den Frauen Witz, Ironie und Zynismus, um ihr Leben mit den Männern zu beschreiben – vielleicht, um besser damit umgehen zu können. Denn schließlich können Frauen weder mit ihnen noch ohne sie leben. Wir reden mit ihnen, wir treffen uns mit ihnen, wir lieben sie, wir heiraten sie, wir bekommen ihre Kinder, führen ihren Haushalt, polieren ihr Ego auf und sorgen für sie. Ohne Männer würde man nur halb so viel erleben, ohne Männer gäbe es nur halb so viel zu erzählen. Männer sind das Thema Nummer Eins.

Kerstin Lenz, Juni 1994.

KAPITEL 1

MÄNNER & DIE SCHÖPFUNG

Adam und Eva im Paradies

Hätte Gott die Frauen als eine bessere Rasse von Vieh geplant, hätte er ihnen keinen Verstand gegeben. Bestien, wenig höher ... als Affen ... hätten besser zu Lust, Stolz, und Vergnügen einiger Männer gepaßt; besonders zu denen, die Frauen unwissend halten möchten, um sie zu tyrannisieren.

Bathsua Makin, englische Autorin, 1612–74

Der Mann wurde aus dem Staub der Erde geschaffen, die Frau wurde aus einem Teil des Mannes geschaffen, danach war er eine lebendige Seele; also wurde sie weder aus Adams Fuß gemacht, um seine Untergebene zu sein, noch aus seinem Kopf, um die Überlegene zu sein, sondern aus seiner Seite, nahe seines Herzens, um die Ebenbürtige zu sein.

Rachel Speght, englische Dichterin, 1597–1648

Das Männliche ist ein biologischer Unfall: Das Y-Gen, das männliche, ist ein unvollständiges X- (weibliches) Gen, hat also ein unvollständiges Chromosomenpaar. Mit anderen Worten: Der Mann ist eine unvollständige Frau, eine laufende Abtreibung, abgetrieben vom Genträger.

Anonym

Adams sofortige Zustimmung zum Vorschlag seiner Frau zeigt nicht viel von der Überlegenheit der Geistesgröße, die Männer für sich in Anspruch nehmen.

Sarah Moore Grimké, amerikanische Feministin, 1792–1873

Natürlich hat Gott den Mann vor der Frau erschaffen. Schließlich macht jeder Künstler einen Rohentwurf, bevor er das eigentliche Kunstwerk schafft.

Graffiti

Im Tierreich sind Männchen schöner als die Weibchen. Diesen Fehler hat Gott beim Menschen korrigiert.

Claudia Bini

Zwei Dinge wird ein Mann niemals verstehen: das Geheimnis der Schöpfung und den Hut seiner Frau.

Coco Chanel, französische Mode-Designerin, 1883–1971

Adam war nichts als ein roher Entwurf, und die Schöpfung des Menschen ist Gott erst völlig gelungen, als er Eva erschaffen hat.

Simone de Beauvoir, französische Schriftstellerin, 1908–1986

Auch Gott lernt dazu. Man merkt das an den Verbesserungen bei der Erschaffung der Frau gegenüber der des Mannes.

Zsa Zsa Gabor, ungarisch-amerikanische Filmschauspielerin, geb. 1919

Ich streite nicht ab, daß die Frauen albern sind. Gott, der Allmächtige, hat sie so geschaffen, damit sie zu den Männern passen.

George Eliot, englische Autorin, 1819–1880

Gott muß von Adam sehr enttäuscht gewesen sein, er hat Eva so anders gemacht!

Graffiti

Auch beim Verlassen des Paradieses, würde ich sagen, hat Adam, als er die erste Möglichkeit dazu sah, die Schande auf eine Frau übertragen.

Nancy Astor, amerikanisches Parlamentsmitglied, 1897–1964

Vater fragte uns, was Gottes vortrefflichstes Werk gewesen sei. Anna sagte: »Männer« aber ich sagte: »Babies«. Männer sind so oft schlecht, Babies nie.

Louisa May Alcott, amerikanische Autorin, 1832–1888

Es hätte nicht des Apfels bedurft, Adam zu verführen. Eva allein schon genügte!

Marianne Langewiesche, deutsche Schriftstellerin, 1908–1949

Jeder Adam braucht seine Eva, der er die Schuld an seinen Unzulänglichkeiten zuschieben kann.

Graffiti

Küsse sind das, was von der Sprache des Paradieses übriggeblieben ist.

Graffiti

Natürlich ist niemand vollkommen – außer Gott, wenn sie existiert.

Graffiti

Adam: der erste Entwurf für Eva.

Jeanne Moreau, französische Schauspielerin, geb. 1929

Eva ist die umgearbeitete, verbesserte und verkürzte Ausgabe von Adam.

Helen Vita, Schauspielerin, geb. 1928

KAPITEL 2

MÄNNER & IHRE ERSTEN JAHRE

DAS KIND IM MANNE

Gnade uns Gott, diese Männer benehmen sich wie Kinder, dazu noch wie schlecht erzogene.

Jill Tweedie, englische Schriftstellerin, geb. 1936

Ich habe es gern, wenn Männer sich wie Männer benehmen. Stark und kindisch, so gefallen sie mir am besten.

Françoise Sagan, französische Schriftstellerin, geb. 1935

Wenn ein Mann dir von den Kochkünsten seiner Mutter vorschwärmt, hör nicht hin. Ein Junge zwischen zwölf und 21 kann Unmengen essen, ohne je etwas zu schmecken.

Sarah Tyson Rorer, englische Autorin, 1849–1937

Nach dem Liebesakt würde beinahe jeder Mann am liebsten gleich davonlaufen. Irgend etwas quält ihn. Er weiß nicht genau, was. Am liebsten würde er seine Mutter anrufen.

Maria Neef-Utthoff, Autorin, geb. 1947

Wenn alle Männer, die infantil geblieben sind, auch so behandelt werden würden, wäre die Welt voller Kinderwagen.

Merle Oberon, amerikanische Schauspielerin, geb. 1919

Der Unterschied zwischen einem Knaben und einem Mann ist gar nicht so groß – er besteht meist nur im höheren Preis ihrer Spielsachen.

Cynthia Warren

Ich wollte nur ein Kind kriegen – keines heiraten.

Anonym

Boys will be boys – aber eines Tages werden alle Mädchen Frauen.

Graffiti

Es kostet eine Frau zwanzig Jahre, um aus ihrem Sohn einen Mann zu machen. Eine andere Frau braucht zwanzig Minuten, um ihn zum Narren zu machen.

Helen Rowland, amerikanische Schriftstellerin, 1875–1950

Von außen mag das Heim eines Mannes wie sein Schloß erscheinen. Innen gleicht es häufiger einem Kinderzimmer.

Clare Booth Luce, amerikanische Diplomatin und Autorin, 1903–1987

Ein Mann ist nicht nur ein Tier mit einem Körper und ein Wesen mit einem Gehirn, sondern auch eine soziale Kreatur, die unwiederbringlich mit seiner sozialen Gruppe verbunden ist, so daß der Mann außerhalb dieser Gruppe kaum zu verstehen ist.

Freda Adler, amerikanische Erziehungswissenschaftlerin, geb. 1934

Viele Männer denken, ihre Ehefrauen ersetzen die Mutter.

Joyce Brothers, amerikanische Psychologin, geb. 1929

In jedem Mann, der in seiner Kindheit Fürsorge und Liebe erfahren hat, ist ein Stück Erinnerung, das zu einer sanften Lösung führen kann.

George Eliot, englische Autorin, 1818–1880

Wenn du einem Mann den Kopf kraulst, wirst du sehnsüchtige Erinnerungen an seine Mutter wecken, die Socken stopft, das Sonntagsessen kocht, seinen Vater morgens mit sauberem Revers zur Arbeit schickt und immer, wirklich immer da ist, um ihre Familie zu unterstützen und zu versorgen.

Linda Bird Francke, amerikanische Autorin, geb. 1939

In jedem erwachsenen Mann ist ein kleiner Junge verborgen, was allerdings heftigst bestritten wird.

Nancy Friday, amerikanische Autorin, geb. 1937

Männer sind große Kinder, die umso anstrengender sind, je älter sie werden.

Anonym

Männer brauchen keine archaische Männergruppe, sondern eine Brigade gut ausgebildeter Gouvernanten, die ihnen Tischmanieren, höflichen Umgang und Selbstbeherrschung beibringen.

Cheryl Benard, geb. 1953,
Edit Schlaffer, geb. 1950, österreichisches Autorinnenduo

Männer haben von Natur aus den Drang, die Dinge ganz zu verstehen, mit denen sie zu tun haben; kleine Jungen zeigen die Vorliebe, ihre Spielsachen in Einzelteile zu zerlegen, um herauszufinden, wie sie von innen aussehen und wie sie funktionieren.

Emma Jung, Schweizer Gelehrte, 1882–1955

Ein Mann, den ich kannte, wurde mein Kind.

Anne Szumigalski, kanadische Dichterin, geb. 1922

Ich glaube nicht, daß ich mich je mit einem Mann verstehen könnte… Ich kenne so viele Eigenschaften der Männer, eher kindliche, babyhafte Sachen, auf die ich garantiert mit Sarkasmus reagieren würde. Männer sind so komisch. Sie sind so jungenhaft – Sie wissen schon, was ich meine.

Marion Taylor, amerikanische Schriftstellerin, 1902–1960

Das männliche Bedürfnis nach mütterlichem Mitleid ist so groß, so unbewußt, so durchdringend, daß sein Schatten auf jede Begegnung oder Beziehung fiel, die ich mit Männern gehabt habe.

Phyllis Chesler, Psychologin und Autorin, geb. 1940

Männer erwarten als Erwachsene von ihren erwachsenen Partnerinnen immer noch das, was Mütter ihnen geben sollten: Fürsorge, Hingabe, Selbstlosigkeit, Vergebung, Bedienung und Unterstützung.

Cheryl Benard, geb. 1953,
Edit Schlaffer, geb. 1950, österreichisches Autorinnenduo

Der Mann ist wie ein Kind, das ewig das gleiche Spiel spielen muß.

Esther Vilar, Autorin und Feministin, geb. 1935

Das junge männliche Wesen, »u masculu« in unserer Sprache, war eine ganz besondere Rasse: Es war vulgär, stark, mutig und unbarmherzig.

Lara Cardella, italienische Autorin, geb. 1969

Ein Knabe kann sicher sein, daß die Mutter ständig für ihn Liebesarbeit leistet. Darüber hinaus kann er später das gleiche von einer anderen Frau, seiner Ehefrau, erwarten.

Luise Eichenbaum und Susie Orbach, zeitgenössische feministische Therapeutinnen

Ein Mann ist ein Baby von eineinhalb Zentnern.

Irmgard Keun, Schriftstellerin, 1910–1982

Seit Ödipus hat kein Mann mehr seine Mutter geheiratet, aber die meisten glauben, sie hätten es getan.

Cheryl Benard, geb. 1953,

Edit Schlaffer, geb. 1950, österreichisches Autorinnenduo

Jungen sind stolz auf ihre triste Kleidung, ihre rutschenden Socken, ihre beschmierte und fleckige Haut: Schmutz ist für sie genauso gut wie Wunden. Sie arbeiten dafür, so wie Jungen zu sein. Sie rufen sich mit ihrem Nachnamen und zollen jeder Entfernung von Sauberkeit extra Bewunderung ... es scheint immer so, als seien mehr von ihnen in einem Raum, als es tatsächlich sind.

Margaret Atwood, kanadische Schriftstellerin, geb. 1939

KAPITEL 3

MÄNNER & SIE SELBST

DEFINITIONEN UND VERGLEICHE

Im wirklichen Leben sind die meisten Männer Jammerlappen.

Frieda Parmeggiani, Kostümbildnerin, geb. 1949

Männer sind wie Taschenlampen: Sie blenden, ohne viel Licht zu verbreiten.

Lore Lorentz, Schauspielerin, 1920–1994

Männer sind wie Sparbüchsen: Sie machen den meisten Lärm, wenn am wenigsten in ihnen steckt.

Unbekannt

Männliche Männer – egal ob einfach oder sanft: sie sind praktisch immer dieselben.

George Eliot, englische Autorin, 1819–1880

Für mich sind Männer die schönsten und gefährlichsten Raubtiere der Welt. Ich liebe sie, wie der Dompteur seine Tiger liebt.

Eartha Kitt, Sängerin, geb. 1928

Jungs sind wie Eulen: Tagsüber kriegen sie kein Auge auf, aber nachts jagen sie die Mädchen.

Graffiti

Diese herrischen Männer sind wie knorrige Eichen, deren Äußeres abstoßend ist.

Simone de Beauvoir, französische Schriftstellerin, 1908–1986

Was sind 500 Männer auf dem Meeresgrund?
Ein guter Anfang.

Anonym

Männer sind Rohdiamanten. Um zu brillieren, brauchen sie Frauen, die ihnen den richtigen Schliff verpassen.
Ganz vorsichtig und ganz gezielt dosiert. Damit's ein Prachtkerl wird.

Aus »Petra«, Frauenzeitschrift, Juni 1994

Männer sind das beste andere Geschlecht, das zur Verfügung steht.

Leserbrief

Was haben ein Schweizer Messer und ein Mann gemeinsam?
Es ist billig, überall zu haben und ein komplettes Werkzeug.

Graffiti

Was ist der Unterschied zwischen Männern und Schweinen? Schweine werden nicht zu Männern, wenn sie betrunken sind.

Graffiti

Als Mann in dieser Gesellschaft aufzuwachsen, ist wie in einem Salzsee zu schwimmen. Ganz egal wie faul du bist, es ist unmöglich, auf den Grund zu sinken.

Sheila Tobias, amerikanische Autorin, geb. 1935

Die Männer sind wichtig, aber die Frauen sind magisch.

Cathérine Deneuve, französische Filmschauspielerin, geb. 1943

Willst du wissen, wer der Mann, so sieh nur seine Gesellschaft an!

Deutsches Sprichwort

Die Männer hier sind so wild wie riesige Vipern und brüsten sich in ihren Rüstungen, während sie den Bogen spannen.

Ts'Ai Yen, chinesische Autorin, 162–139 v. Chr.

Männer sind auch nur Menschen wie du und ich – nur leider wissen sie es nicht.

Helga Feddersen, deutsche Schauspielerin, 1930–1990

Männer sind wie Toiletten, entweder beschissen oder besetzt.

Anonym

Was ist ein Mann anderes – wenn man wirklich über ihn nachdenkt – als eine sehr kleine Ausgabe einer sinnreichen Maschine mit unendlicher Schlauheit, die den Rotwein von Shiraz in Urin verwandeln kann?

Karen Blixen, Isaak Dinesen (Pseudonym), dänische Autorin, 1885–1962

Männer sind wie Milch. Läßt man sie stehen, sind sie sauer.

Madonna, amerikanischer Pop-Star, geb. 1958

Alle Männer, auch die klügsten, sind wie Nescafé – allzeit bereit.

Franca Rame, italienische Schauspielerin

Strohwitwer sind die Nachtausgaben der Boulevard-Presse. Sie erscheinen am späten Abend – und meistens mit einem Unterhaltungsteil!

Trude Hesterberg, Schauspielerin, 1892–1967

Alle Männer sind die falschen.

Ulla Hahn, Lyrikerin, geb. 1946

Männer sind wie Luft: zwar verschmutzt, aber unentbehrlich.

Michelle Pfeiffer, amerikanische Filmschauspielerin, geb. 1958

Männer sind wie Schnee: Kaum hat man sie aufgetaut, schmelzen sie und sind nicht mehr zu gebrauchen.

Maria Schell, deutsche Schauspielerin, geb. 1926

Ich wußte, wie schlecht Männer sind, aber ich wußte nicht, wie alltäglich und gleich sie alle sind.

George Sand, französische Schriftstellerin, 1804–1876

Bei den Mannsleuten ist alle Mühe verloren, sie sind doch nicht zu bessern.

Dorothea in »Die Fischerin«, Johann Wolfgang von Goethe, 1749–1832

Männer sind wie Tee – du mußt sie ziehen lassen.

Graffiti

Männer sind Bestien, und selbst Bestien benehmen sich nicht so wie sie.

Brigitte Bardot, französische Schauspielerin, geb. 1934

Nur weil ein Mann nun mal ein Mann ist, muß er nicht unbedingt ein geborener Stümper sein. Viele Jungen wachsen in unserer spezialisierten Zeit auf, ohne jemals etwas verpfuscht zu haben.

Anonym

Das Leben und die Seele: Ein Mann wird nie nach Hause gehen, wenn noch ein Mann, eine Frau und ein volles Glas mit irgend etwas zu trinken da ist.

Katharine Whitehorn, britische Autorin, geb. 1921

Ich habe noch keinen Ort gefunden, an dem die Männer so waren, wie ich sie mir in meinen kindlichen Erwartungen vorgestellt habe.

Dame Rebecca West, Schriftstellerin, 1892–1980

Männer sind Menschen, bei denen Pubertät und Midlife-Crisis ineinander übergehen.

Graffiti

Die meisten Männer sind wie Musik-Boxen, die du in Gang setzen kannst, so daß sie ihre Titel abspielen, und dann hören sie auf. In unserer Gesellschaft bestehen die gesammelten Titel aus höchstens einem oder zwei Stück. Keine neue Melodie kommt hinzu, bis nicht mindestens 25 Jahre vergangen sind.

Margaret Fuller, amerikanische Schriftstellerin und Feministin, 1810–1850

Der Mann heute ist wie ein Patient in einer Anstalt, der durch die Gänge irrt und behauptet, Julius Cäsar zu sein. Und unter dem Arm trägt er ein Buch der neuen Männerliteratur, das ihm weismachen will, daß er es wirklich ist.

Cheryl Benard, geb. 1953,
Edit Schlaffer, geb. 1950, österreichisches Autorinnenduo

Männer werden am Fließband hergestellt – genauso wie ihre Krawatten.

Mary Mac Laine, amerikanische Schriftstellerin, 1881–1929

Nimm die Männer, wie sie sind. Es gibt keine anderen.

Graffiti

Männer sind wie Servietten: Entweder sie liegen dir auf dem Schoß, oder sie hängen dir um den Hals.

Graffiti

Männer sind wie Gurken: Wenn man sie reinlegt, werden sie sauer.

Trude Hesterberg, Schauspielerin, 1892–1967

Männer sind wie Zwiebeln: Man pellt Schale für Schale ab, und was übrigbleibt, ist zum Heulen.

Anonym

Männer sind wie ein Porsche – das Image stimmt noch, aber die Technik ist veraltet.

Katharina Witt, Eiskunstläuferin, geb. 1965

Für die Männer gelten die Gesetze der Optik nicht: Wenn man sie unter die Lupe nimmt, werden sie plötzlich ganz klein.

Grete Weiser, deutsche Schauspielerin, 1903–1970

Das männliche Ego ist mit wenigen Ausnahmen zunächst einmal trampelig wie ein Elefant.

Bette Davis, amerikanische Schauspielerin, 1908–1989

Alle Männer sind gleich – mir jedenfalls.

Anonym

Männer sind die angenehmste Fehlkonstruktion, die ich bisher erlebt habe.

Anonym

Alle Männer sind Vergewaltiger, und das ist alles. Sie vergewaltigen uns mit ihren Augen, ihren Gesetzen und Regeln.

Marilyn French, amerikanische Autorin, geb. 1929

Alles hat seine Grenzen – nur die männliche Dummheit nicht.

Graffiti

Wenn man's recht bedenkt, ist ein Mann lediglich das Ergebnis eines verkrüppelten Chromosoms.

Graffiti

Männer sind Wesen mit zwei Beinen und acht Händen.

Jayne Mansfield, amerikanische Filmschauspielerin, 1932–1967

Männer sind Luft für mich, aber ohne Luft kann ich nicht leben.

Anonym

Männer sind unbestechlich – sie nehmen nicht einmal Vernunft an.

Graffiti

Ein schwaches Bild: starke Männer.

Graffiti

Männern und Straßenbahnen sollte man nie hinterherlaufen; es kommen immer wieder neue.

Graffiti

Männer sind ein notwendiges Übel, wobei die Betonung mehr auf Übel als auf notwendig liegt.

Anonym

Manche Männer sind wie Filmaufnahmen im Dunkeln: Man muß sie abblitzen lassen, damit ihnen ein Licht aufgeht.

Ira von Fürstenberg, Filmschauspielerin, geb. 1940

Männer sind wie Schwalben im Herbst: Wenn sie abhauen wollen, sind sie plötzlich auf Draht.

Iska Geri, deutsche Sängerin, geb. 1932

Männer sind Waschlappen, die von Frauen mit vollem Recht ausgewrungen werden.

Graffiti

Die Männer sind wie ein Armreif. Leicht behämmert passen sie am besten.

Trude Hesterberg, Schauspielerin, 1892–1967

Ein Psychologe ist ein Mann, der beim Auftauchen eines hübschen Mädchens nicht das Mädchen anschaut, sondern die Männer, die das Mädchen anschauen.

Esther Vilar, Autorin, geb. 1935

Alle Männer sind Astronauten: Sie träumen von der weichen Landung auf der Venus.

Anonym

Manche Männer sind wie Luftballons: aufgeblasen und empfindlich gegen die kleinste Stichelei.

Tatjana Sais, Kabarettistin, geb. 1945

Männer sind wie Teppiche: Wenn man etwas von ihnen aufrollt, sehen sie plötzlich betreten aus.

Inge Meysel, deutsche Schauspielerin, geb. 1910

Die Männer sind wie das Gemüse: je ausgekochter, desto weniger bekömmlich.

Beate Hasenau, Kabarettistin, geb. 1936

Wie ein Mann Auto fährt, so möchte er sein.

Anna Magnani, italienische Schauspielerin, 1908–1973

Männer sind wie Bagger: Kaum sind sie da, kippen sie einen.

Helen Vita, Schauspielerin, geb. 1928

Männer sind wie Briefmarken: Wenn ihnen die Zähne ausfallen, sind sie nichts mehr wert.

Trude Hesterberg, Schauspielerin, 1892–1967

Männer sind wie Damenschuhe: Am besten passen die, die ein bißchen drücken.

Karin Jacobson, Schauspielerin und Autorin, 1924–1989

Männer sind wie die Preise: Wenn man nicht aufpaßt, laufen sie davon.

Tatjana Sais-Green, deutsche Schauspielerin, 1901–1981

Männer tanken gern, weil sie ihrem Wagen auch ein Besäufnis gönnen.

Trude Hesterberg, Schauspielerin, 1892–1967

Manche Männer sind wie Zeitungen: Erst wenn man sie unter Druck setzt, erscheinen sie.

Iska Geri, deutsche Sängerin, geb. 1932

Männer sind wie Leierkastenmusikanten: Kaum fühlen sie sich beobachtet, drehen sie durch.

Ingrid van Bergen, Kabarettistin und Chansonette, geb. 1931

Männer sind wie Goldgräber: Sie haben irgendwo einen verborgenen Schatz.

Trude Hesterberg, Schauspielerin, 1892–1967

Alles, was Männer tun, ist erhaben und lächerlich zugleich.

Marie-Luise Kaschnitz, Schriftstellerin, 1901–1974

Eine Nervensäge ist ein Mann, der soviel über sich selber spricht, daß wir Frauen keine Gelegenheit haben, ausgiebig über uns zu sprechen.

Gisela Schlüter, Komikerin und Kabarettistin, geb. 1914

Was ist denn der Mann noch?
Ein Accessoire der Frauenmode.

Patricia Wood

Männer sind wie Torhüter beim Fußball: Sie halten selten, was sie versprechen.

May Spils

Männer sind wie Zähne: Es dauert lange, bis man sie bekommt. Wenn man sie hat, tun sie weh, und wenn sie nicht mehr da sind, hinterlassen sie eine Lücke.

Françoise Rosay, Schauspielerin, 1891–1974

Zwischen Männern und Parfüms gibt es einen wichtigen Unterschied: Parfüms verduften, wenn man eine Flasche öffnet.

Hanne Wieder, Schauspielerin, geb.1925

Es gibt keine großartigen Männer. Es gibt nur Männer.

«Die Schöne und das Biest«, Film von 1952

Manche Männer sind wie Neutronen: nur Masse und keine Ladung.

Hanne Wieder, Schauspielerin, geb.1929

Unsere Zeitgenossen bilden sich ein, Übermenschen zu sein. Das hindert sie daran, Menschen zu sein.

Anna Magnani, italienische Schauspielerin, 1908–1973

Männer sind wie Wintermäntel: Man muß sie ordentlich füttern, damit sie etwas taugen.

Iska Geri, deutsche Sängerin, geb. 1932

Junggesellen sind Männer, die sich nicht auf eine einzige Frau versteifen.

Helen Vita, Schauspielerin, geb. 1928

Männer sind mehr das gehaßte als das geliebte Tier.

Dame Rebecca West, englische Autorin, 1892–1983

KAPITEL 4

MÄNNER & FRAUEN

KOMMUNIKATION ZWISCHEN DEN GESCHLECHTERN

Brüllt ein Mann, ist er dynamisch. Brüllt eine Frau, ist sie hysterisch.

Hildegard Knef, Schauspielerin und Schriftstellerin, geb. 1925

Wenn eine Frau das letzte Wort hat, so beweist das nur, daß den Männern nichts mehr einfällt.

Eve Sanders

Ein Mann muß wissen, wie man eine Meinung widerlegt; eine Frau muß wissen, wie man ihr zustimmt.

Germaine de Staël, französische Schriftstellerin, (1766–1817)

Frauen, die genauso sein wollten wie Männer, haben keinerlei Ehrgeiz.

Graffiti

Das einzige Problem mit den Frauen sind die Männer.

Anonym

Männer sind meistens größer als Frauen, weil Unkraut stets die Blume verdeckt.

Graffiti

Als die Autorin Margaret Atwood gefragt wurde, was sie am meisten bei Männer ängstigt, antwortete sie: »Wir haben Angst, daß sie uns umbringen könnten.« Männer antworteten auf dieselbe Frage über Frauen: »Wir haben Angst, daß sie über uns lachen könnten.«

Naomi Wolf, amerikanische Autorin und Journalistin, geb. 1962

Wenn Frauen unergründlich scheinen, dann liegt es am fehlenden Tiefgang der Männer.

Katherine Hepburn, amerikanische Schauspielerin, geb. 1907

Zeig mir eine Frau, die sich nicht schuldig fühlt, und ich zeige dir einen Mann.

Erica Jong, amerikanische Schriftstellerin und Feministin, geb. 1942

Die Männer sollen ruhig weiter glauben, sie seien stärker. Wir Frauen dürfen nicht auf das Glück warten, sondern müssen das Beste machen aus dem, was wir sind, und das meiste aus dem, was wir haben.

Rosamunde Pilcher, englische Romanschriftstellerin, geb. 1925

Das Schönste an männlichen Männern ist etwas Weibliches; das Schönste an femininen Frauen ist etwas Männliches.

Susan Sonntag, amerikanische Sozialkritikerin, geb. 1933

Männer entscheiden sich für ihr Ich, und Frauen suchen andere.

Mary Field Belenky, zeitgenössische amerikanische Autorin

Was Frauen für Männer bedeuten? Die Zivilisation. Was Männer ohne Frauen sind? Wilde.

Cheryl Benard, geb. 1953

Edit Schlaffer, geb. 1950, österreichisches Autorinnenduo

Mann und Frau sind zwei verschlossene Kästchen, deren Schlüssel im jeweils anderen liegt.

Karen Blixen, dänische Autorin, 1885–1962

Der Jammer mit den Männnern ist, daß sie von sich auf Frauen schließen.

Zsa Zsa Gabor, ungarisch-amerikanische Schauspielerin, geb.1919

Es ist wunderbar, eine Frau zu sein, aber jeder Mann dankt Gott, daß er keine ist.

Olive Schreiner, afrikanische Feministin, 1855–1920

Ich bin entsetzt über die große Zahl von Männern, die sich verweiblichen, und über die noch größere Zahl von Frauen, die sich vermännlichen.

Katherine Hepburn, Schauspielerin, geb. 1907

Männer haben unterbewußt Angst vor Frauen!

Nellie McClung, kanadische Suffragette, 1873–1951

Kein Mann ist imstande, die weibliche Vernunft zu begreifen. Deshalb gilt sie als Unvernunft.

Eleonora Duse, italienische Schauspielerin, 1859–1924

Ich frage mich manchmal, ob Männer und Frauen wirklich zueinander passen. Vielleicht sollten sie einfach nebeneinander wohnen und sich nur ab und zu besuchen.

Katherine Hepburn, Schauspielerin, geb.1907

Ich habe oft gedacht, daß Männer einfacher zu handhaben wären, wären sie kleiner.

Margaret Atwood, kanadische Autorin, geb. 1939

Eine Frau ohne Mann ist wie ein Fisch ohne Fahrrad.

Gloria Steinem, amerikanische Feministin und Autorin, geb. 1934

Die Tugend der Frau ist die größte Erfindung der Männer.

Cornelia Otis Skinner, amerikanische Schauspielerin, 1909–1979

Frauen lieben die einfachen Dinge des Lebens – beispielsweise Männer.

Farah Fawcett, amerikanische Schauspielerin, geb. 1947

Wie kann es sein, daß Männer als freie Menschen geboren sind und Frauen als Sklaven?

Mary Astell, frühe britische Feministin, 1666–1731

Männer haben genauso viel Angst vor uns wie wir vor ihnen. Nur wollen es die wenigsten Männer zugeben.

Victoria Billings, amerikanische Autorin, geb. 1945

Warum sind Frauen so viel interessanter für Männer als Männer für Frauen?

Virginia Wolf, englische Schriftstellerin, 1882–1941

Warum veranstalten die Männer so ein Chaos auf der Welt? Weil sie darauf warten, daß die Frauen hinter ihnen herräumen?

Anonym

Es wurde schon ein Mann auf den Mond gebracht – warum bringen sie nicht alle hin?

Flying Fish Group, englische Frauen-Theater-Gruppe

Hören Sie sich mal den Applaus und die Begeisterung von der Bühne aus an, die wir allabendlich erleben. Und dann sagen Sie mir, wo finde ich einen Mann, der mir das bieten kann?!

Adele Sandrock, deutsche Schauspielerin, 1863–1937

Ich habe nie gesagt, ich wolle allein sein. Was ich meinte war: Ich möchte manchmal allein gelassen werden. Das ist der große Unterschied.

Greta Garbo, schwedischer Film-Star, 1905–1990

Die Phantasie der Männer reicht bei weitem nicht aus, um die Realität der Frau zu begreifen.

Anna Magnani, italienische Schauspielerin, 1908–1973

Männer gefallen sich darin, boshafte Bonmots über Frauen zu verbreiten; die Frauen rächen sich dadurch, daß sie sie zu Wahrheiten machen.

Anna Magnani, italienische Schauspielerin, 1908–1973

Männer haben es schwerer als wir Frauen. Vor allem müssen sie mit uns fertig werden.

Françoise Sagan, französische Autorin, geb. 1935

Ein Talisman interessiert mich nur dann, wenn er mit zwei »n« geschrieben wird.

Christine Schuberth, Schauspielerin, geb. 1944

Ein Mann mit einem dicken Bankkonto kann gar nicht häßlich sein.

Zsa Zsa Gabor, ungarisch-amerikanische Schauspielerin, geb.1919

Ich möchte selbst kein Mann sein. Der Gedanke, eine Frau heiraten zu müssen, schreckt mich.

Irmgard Keun, Schriftstellerin, 1910–1982

Ich bin nicht abergläubisch, aber es gibt Dinge, die mir kein Glück bringen, zum Beispiel die Männer.

Ava Gardner, Schauspielerin, 1922–1990

Ich mag nur zwei Arten von Männern: einheimische und fremde.

Mae West, amerikanische Filmschauspielerin, 1893–1980

Wenn ein Mann sich das Verhalten einer Frau nicht erklären kann, denkt er zunächst an den Zustand ihrer Gebärmutter.

Clara Boothe Luce, amerikanische Diplomatin, 1903–1987

Frauen haben in jedem Zeitalter als Lupe gedient, die das wunderbare und zauberhafte Können besaßen, einen Mann zweimal so groß zu machen, wie er in Wirklichkeit ist.

Virginia Woolf, englische Autorin, 1882–1941

Wie kann ich mich denn nur so viel mit Männern beschäftigen! Sie sind ein Fragezeichen für mich. Aber vielleicht gerade weil sie ein Fragezeichen geblieben sind.... Man sollte die Männer einfach nicht so wichtig nehmen ....

Billie Zöckler, Schauspielerin, geb. 1954

Es gibt viele Dinge, die man nicht tun kann, wenn Männer um einen herum sind, nicht einmal so etwas Einfaches wie das Hemd heben und sich am Hintern kratzen.

Julie Christie, englische Schauspielerin, geb. 1940

Wenn eine Frau aus einem Mann einen Affen macht, ist es für gewöhnlich eine Verbesserung.

Anonym

Männer verüben Handlungen, Frauen verüben Gesten.

Phillys Chesler, amerikanische Psychiaterin, geb. 1940

Der Eindruck der Männer, daß wir keine wirklichen Menschen sind, entstand in ihrer frühesten Kindheit.

Dorothy Dinnerstein, amerikanische Feministin

Oft höre ich, du kannst das nicht so sehen, weil Männer anders denken als Frauen. Ich kenne aber keinen Mann, der mir offenlegt, was ein Mann wirklich denkt.

Marika Lichter, zeitgenössische Wiener Künstlerin

Deutsche Frauen mögen ruhige Männer: Sie denken, sie hören zu.

Anonym

Manchmal glaube ich, wenn es noch ein drittes Geschlecht gäbe, würden die Männer nicht mehr als einen flüchtigen Blick von mir bekommen.

Amanda Vail, englische Autorin

Männer haben die Neigung, Vergewaltigungen nicht zu mißbilligen, bis ihre eigene Mutter, Frau, Tochter oder Schwester betroffen ist. Wenn das passiert, neigen sie dazu, hysterisch zu werden.

Pam Gems, englische Dramatikerin, geb.1925

Gleich hauen die Männer über die Schnur, wenn man ihnen ein bißchen Luft bringt.

Mutter in »Was wir bringen«, Johann Wolfgang von Goethe, 1749–1832

Alle Männer tun zuerst, als ob sie uns verstünden. Nichts als Schwindel, denn wir verstehen uns nicht einmal selber.

Esther Williams, Filmschauspielerin

Die Phantasie des Mannes ist die beste Waffe der Frau.

Katharina Herberg, deutsche Schaupielerin, geb. 1935

Man lernt den Mann nicht aus in einem Jahr.
Sie sind alle nur Magen, wir die Kost.
Sie schlingen uns hinab, und sind sie satt?
spei'n sie uns aus.

Emilia in »Othello«, William Shakespeare, 1564–1616

Männer erwarten von Frauen, daß sie männliche Geheimnisse hüten, männliche Schwächen lieben und männliche Grausamkeit verzeihen.

Phyllis Chesler, Psychologin und Autorin, geb. 1940

Der Mann sucht immer jemanden oder etwas, dem er sich versklaven kann, denn nur als Sklave fühlt er sich geborgen – und seine Wahl fällt dabei meistens auf die Frau.

Esther Vilar, Autorin und Feministin, geb. 1935

Einige Männer habe keine Angst vor Frauen. Sie sind entweder schwul oder verheiratet.

Aus »Ms Magazine«, amerikanische Frauenzeitschrift

Die geheime Angst eines Mannes ist, daß die Frau über ihn herrschen könnte – also herrscht er über sie.

Victoria Billings, amerikanische Autorin, geb.1945

Es ist eine Schwäche der Männer, Frauen gegenüber stark erscheinen zu wollen.

Hildegard Knef, Schauspielerin und Schriftstellerin, geb. 1925

Perfektion an einem Mann kann man bewundern, lieben kann man sie nicht.

Jeanne Moreau, französische Schauspielerin und Regisseurin, geb. 1928

Männer definieren Intelligenz, Männer definieren die Nützlichkeit. Männer erzählen uns, was schön ist. Männer erzählen uns sogar, was weiblich ist.

Sally Kempton, amerikanische feministische Autorin, geb. 1943

Weißt du, was aus kleinen Macho-Schweinen wird? Große Macho-Schweine.

Alison Lyssa, zeitgenössische englische Theaterautorin

Ein starker Mann muß eine Frau nicht beherrschen. Er benutzt seine Stärke nicht gegen eine Frau, die ihn liebt. Er benutzt sie gegen die Welt.

Marilyn Monroe, amerikanische Filmschauspielerin, 1926–1962

Wenn eine Frau auf Abwege gerät, war bestimmt ein Mann der Wegweiser.

Inge Meysel, Schauspielerin, geb. 1910

Der wahrscheinlich einzige Platz der Welt, an dem ein Mann sich wirklich sicher fühlt, ist ein Hochsicherheitsgefängnis. Es sei denn, die Entlassung steht direkt bevor.

Germaine Greer, australisch-englische Autorin, geb. 1939

Ein Mann hat kein Vertrauen zu einer Frau, die intelligenter ist als er.

Bette Davis, amerikanische Schauspielerin, geb.1908

Wo Männer Witze erzählen, erzählen Frauen Geschichten.

Regina Barecca, zeitgenössische amerikanische Autorin

Würde es Männer sehr traurig machen, wenn sie herausfinden würden, daß wir nicht anders sind?

Rita Mae Brown, amerikanische Autorin, geb.1944

Wenn einem Mann eine Katastrophe auf der Straße passiert, schaut er in seine Brieftasche – wenn einer Frau das gleiche passiert, schaut sie in ihren Spiegel.

Maragaret Turnbull, amerikanische Autorin, 1920–1942

Es sollte eine Ausgangssperre für Männer geben. Dann wären Frauen wenigstens sicher auf den Straßen.

Betty Jane Wylie, kanadische Theaterautorin, geb. 1931

Frauen und Männer sind wie die rechte und die linke Hand. Es ist unsinnig, sie nicht beide zu nutzen.

Jeanette Rankin, amerikanische Suffragette, 1880–1973

Das erste Problem für uns alle, Frauen wie Männer, ist, nicht zu lernen, sondern zu verlernen.

Gloria Steinem, amerikanische Journalistin, geb. 1934

Manche Frau bringt das Kunststück fertig, einem Mann über den Kopf zu wachsen, obwohl er gar keinen hat.

Hanne Wieder, Schauspielerin und Sängerin, geb. 1948

Mann und Frau sind von Haus aus Feinde.

Ingrid van Bergen, Schauspielerin, geb. 1931

Wirkliche Männer lassen sich nicht von Frauen beeindrucken, die schnellere oder teurere Autos fahren.

Susan Connaught Curtin, Patricia O'Conell, zeitgenössische amerikanische Autorinnen

Wahrscheinlich gibt es mehr Männer als Frauen, die schwere Gewichte heben oder geschmolzenen Stahl gießen können, aber es gibt keine Muskeln im menschlichen Gehirn.

Alice Koller, amerikanische Autorin, geb. 1925

Wie lächerlich ist der Unterschied zwischen Mann und Frau. Von achtundvierzig Chromosomen unterscheidet sich nur eines.

Germaine Greer, australisch-englische Autorin, geb. 1939

Die ideale Frau gibt es ebensowenig wie den idealen Mann, bloß ein bißchen öfter.

Vanessa Redgrave, Schauspielerin, geb. 1937

Es gibt genug charakterfeste Männer, die eine Frau nicht sitzen lassen – zum Beispiel im Bus und in der Straßenbahn.

Trude Hesterberg, Schauspielerin, 1892–1967

Frauen geben Fehler leichter zu als Männer, deswegen sieht es so aus, als machten sie mehr.

Gina Lollobrigida, Schauspielerin, geb. 1927

Abgesehen von den Geschlechtsorganen, den sekundären Geschlechtsmerkmalen und den Eigenheiten des Orgasmus gibt es keine wirklichen Unterschiede zwischen Mann und Frau.

Kate Millett, amerikanische feministische Autorin, geb. 1934

Ein Mann kann höchstens vollständig sein, eine Frau aber vollkommen.

Eleonora Duse, Schauspielerin, 1858–1924

Eine Frau zu sein ist wirklich eine harte Sache, besonders weil es prinzipiell den Umgang mit Männern beinhaltet.

Anonym

Männer nennen uns Vögel – weil wir Würmer aufpicken?

Graffiti

Natürlich sind Männer dazu geboren, zu lügen – und Frauen, um ihnen zu glauben?

Graffiti

Frauen beschweren sich immer, daß Männer nicht mit ihnen reden. Ich denke, sie sollten dankbar sein.

Ursula Herking, Kabarettistin, 1912–1974

Die meisten Männer haben die üblichen Beziehungen zu Frauen, bei denen man sich verabredet, und vielleicht die typischen sexuellen Liebesbeziehungen, aber die meisten Männer haben nie eine intime Freundschaft mit einer Frau gehabt.

Carol Gilligan, amerikanische Autorin, geb. 1936

Für den Durchschnitt der Frauen war das Halten eines Mannes in ihrer Beziehung der Inbegriff des weiblichen Lebens, das einzige, was dem Leben Sinn gab – das, was Krieg für Männer ist.

Françoise Giroud, Schweizer Politikerin, geb. 1916

Bei jedem Tier unter der Sonne ist es, soweit ich weiß, das Männchen, das dem Weibchen dienen, ihm gefallen muß. Mit Männern ist es allerdings anders.

Martha Lavell, Verlegerin, geb. 1909

Es gibt natürlich keine perfekten Männer, aber manche sind perfekter als andere. Und wir können alle benutzen, die wir kriegen können.

Merle Shain, kanadische Autorin, 1935–1989

KAPITEL 5

MÄNNER & IHR VERHALTEN

WARNUNG VOR DEM MANNE!

Man kann nicht immer über einen Mann lachen, ohne dann und wann über etwas Geistreiches zu stolpern.

Anonym

Vom idealen Mann träumen alle Frauen, aber keine kennt ihn.

Anna Magnani, italienische Schauspielerin, 1908–1973

Den idealen Mann gibt es nur aus der Ferne.

Vivien Leigh, britische Schauspielerin, 1913–1967

Verachte niemals das, was in den Frauen-Magazinen steht: Es mag nicht besonders feinsinng sein, aber Männer sind es erst recht nicht.

Zsa Zsa Gabor, ungarisch-amerikanische Schauspielerin, geb. 1919

Die einzige Sache, die Männer letztendlich interessiert, ist, andere Männer zu übertrumpfen, im Sex, in der Liebe, im Job, beim Schach, Fußball oder Krieg.

Anonym

Wenn ein Ehemann unaufgefordert die Wohnungstür ölt, ist Vorsicht geboten.

Trude Hesterberg, Schauspielerin, 1892–1967

Jemand hat einmal ein Buch veröffentlicht unter dem Titel »Was Männer über Frauen wissen«. Das Buch hatte nur weiße Seiten.

Lisa Vaugh

Erlaube einem Mann auf keinen Fall, etwas über dich zu halten außer seinen Regenschirm.

Mae West, amerikanische Filmschauspielerin, 1893–1980

Wie vorschnell anzunehmen, ein Mann könne sein Schicksal bestimmen. Alles, was er kann, ist, seine innersten Reaktionen zu kontrollieren.

Etty Hillesum, holländische Autorin, 1914–1943

Männer aus dem Mittelstand denken immer, daß sie niemals eigene Probleme haben, sondern nur andere sich mit Schwierigkeiten herumschlagen.

Madonna Kolbenschlag, amerikanische feministische Autorin, geb. 1935

Ein Mann verzeiht einer Frau alles – außer so viel Verstand, daß sie ihn übertrumpft.

Minna Antrim, amerikanische Autorin, 19. Jahrhundert

Ein Mann ist nicht nur die Summe seiner Masken.

Camille Paglia, amerikanische Schriftstellerin und Sozialkritikerin, geb. 1947

Aber Männer haben Frauen mehr voraus als nur das falsche Bild. Sie haben eine ganze Kultur, um sie vor der Erkenntnis ihrer Unangemessenheit zu schützen. Sie haben exzellente Möglichkeiten gefunden, Frauen für sie aushalten zu lassen.

Jill Tweedie, englische Schriftstellerin, geb. 1936

Ich bin mehr und mehr überzeugt davon, daß ein Mann eine gefährliche Kreatur ist, und je mehr Macht viele oder nur einige bekommen, desto mehr nutzen sie sie aus und schreien wie die Totengräber nach mehr.

Abigail Adams, Frau des amerikanischen Präsidenten, 1744–1818

Jeder Mann, den ich kennengelernt habe, wollte mich beschützen. Ich habe nur nie herausgefunden, wovor.

Mae West, amerikanische Schauspielerin, 1892–1980

Kämpfen ist eine essentiell männliche Idee; die Waffe der Frau ist ihre Zunge.

Hermione Gingold, englische Schauspielerin, 1897–1987

»Schwachheit, dein Name ist Weib!«, so meint ein Dichter, ein großer.
Aber das Weibchen, es weiß: Schwachheit, dein Name ist Mann!

Xenien Bauernfeld in »Gegenseitige Schwäche«

Männer sind nicht oft unvernünftig. Ihr Problem liegt darin, daß sie die moralische und körperliche Struktur unseres Geschlechts nicht verstehen. Sie verletzen oft durch ihre Ignoranz und sind dann überrascht, daß sie einen getroffen haben.

Caroline Gilman, Autorin, 1794–1888

Es ist besser, dem Traummann im Traum zu begegnen als in der Wirklichkeit. Aus dem Traum kann man immerhin aufwachen.

Jeanne Moreau, französische Filmschauspielerin, geb. 1929

Drei Arten von Männern sind unfähig, Frauen zu verstehen: die jungen, die alten und die mittleren Alters.

Irisches Sprichwort

Männer und Schweine haben immer etwas zu grunzen.

Nina Hagen, deutsche Rocksängerin, geb. 1955

Manche Männer können nicht anders, manche verdienen es nicht anders.

Doris Lessing, englische Autorin, geb. 1919

Es hat keinen Sinn, mit Männern zu streiten. Sie haben ja doch immer Unrecht.

Zsa Zsa Gabor, amerikanische Schauspielerin, geb. 1919

Man muß viele Frösche küssen, bevor man einen Prinzen findet.

Ulla Meinecke, deutsche Sängerin, geb.1953

Sei stolz auf den Mann, der über seine Makel scherzen kann, wenn du magst; aber glaub niemals, er sei auf einem Level mit dir.

Pamela Hansford Johnson, englische Autorin, 1912–1981

Ich glaube nicht, daß der Mann der natürliche Feind der Frau ist. Vielleicht ist es sein Rechtsanwalt.

Shana Alexander, amerikanische Autorin, geb. 1925

Ich bin sehr vorsichtig bei Männern, die mir Schach beibringen wollen – oder irgend etwas anderes dieser Art.

Joan Wyndham, englische Autorin, geb.1923

Eine Frau braucht eine ausgeprägte Phantasie, wenn sie einen Mann wegen seiner Qualitäten lieben will.

Graffiti

Erstens: Man kann einen Mann nicht ändern.
Zweitens: Man sollte sich selbst um Himmels willen nicht verändern.

Cheryl Benard, geb. 1953,

Edit Schlaffer, geb. 1950, österreichisches Autorinnenduo

Ein guter Mann ist schwer zu finden, heißt es. Doch ein schwieriger Mann ist leicht zu finden.

Mae West, amerikanische Schauspielerin, 1892–1980

Je besser ich die Männer kennenlerne, umso lieber mag ich Hunde.

Madame de Staël, französische Autorin, 1766–1817

Widersprich nie einem Mann. Warte einen Augenblick, dann tut er es selbst.

Graffiti

Unter Nächstenliebe verstehen viele Männer die Liebe zur nächsten Frau.

Erika Pluhar, österreichische Schauspielerin und Sängerin, geb. 1939

Liebe ist die Illusion, daß sich ein Mann vom anderen unterscheidet.

Sprichwort

Sei vorsichtig bei Männern, die weinen. Es ist wahr, daß sie sensibel sind und Gefühle gut kennen, aber die einzigen Gefühle, die sie beschäftigen, sind ihre eigenen.

Nora Ephron, amerikanische Autorin, geb. 1941

Ach, bei Männern hilft kein Flehen!

Zerline in »Don Juan«, Oper von Wolfgang Amadeus Mozart, 1878 uraufgeführt

Es ist besser, der Mann bleibt blind und glücklich, als daß man ihm die Augen öffnet.

Esther Vilar, Autorin und Feministin, geb. 1935

Der Durchschnittsmann ist Beweis genug, daß Frauen einen Spaß vertragen können.

Anonym

Wenn man ernsthaft über deutsche Männer nachdenkt, gibt's viel zu lachen.

Sherry Horman, Regisseurin von »Männer sind was Wunderbares«

Alles, was Männer sein sollten, ist: selbstbestimmte, sozial bewußte, solidarische *Menschen*, damit sie nicht zu Ausbeutern, Mördern oder Untertanen werden.

Jutta Ditfurth, deutsche Politikerin, geb. 1951

Neue Männer braucht das Land!

Ina Deter, deutsche Musikerin, geb. 1947

Deutsche Männer sind die einzigen auf der Welt, die über ein Dutzend nackte Frauen hinwegsteigen würden, um zu einer Flasche Bier zu kommen.

Unbekannt

All ihr Männer lernt das Zittern. Die Schweinchen von heute sind der Speck von morgen.

Graffiti

Männer kennen Probleme für jede Lösung.

Graffiti

Männer, die schwatzen, lügen auch.

Afrikanisches Sprichwort

Er ist der Typ Langweiler, der heute da ist und morgen auch.

Binnie Barnes

Wenn du einen Mann fängst, wirf ihn zurück.

Slogan der australischen Frauenbewegung

Es gibt nur zwei Arten von Männern: die toten und die tödlichen.

Helen Rowland, amerikanische Schriftstellerin, 1875–1950

Wenn mein armer, lieber verstorbener Mann noch leben würde, wäre er ein großer Flieger geworden – auf der Erde taugte er nichts.

Texas Guinan, amerikanische Entertainerin, 1884–1933

Akzeptiere nie eine Mitfahrgelegenheit von einem merkwürdigen Mann – und denke daran, alle Männer sind komisch wie sonstwas.

Robin Morgan, amerikanische Autorin, geb. 1941

Vorsicht vor Männern mit Manieren.

Eudora Welty, amerikanische Autorin, geb. 1909

Der schönste Mann der Welt taugt nichts, wenn er keinen Sinn für Humor hat.

Madonna, amerikanischer Popstar, geb. 1958

Hüten Sie sich vor den Männern. Fallen Sie nicht auf ihre Tricks herein. Sie sind alle Schweine.

Adele Sandrock, deutsche Schauspielerin, 1863–1937

Warnung an die junge Schauspielerin Camilla Horn

Es ist nicht nur schwieriger, ein Mann zu sein; es ist auch schwieriger, einer zu werden.

Arianna Stassinopoulos, griechische Schriftstellerin, geb. 1950

Zum perfekten Lächeln sind Männer nicht hinterlistig genug.

Karin Michaelis, dänische Schriftstellerin, 1872–1950

Irren ist männlich.

Graffiti

Der geistige Horizont eines Mannes ist der zwischen Hirn und Brett.

Graffiti

Männer sind zur richtigen Zeit am richtigen Ort ganz in Ordnung – zumindest wenn sie genau wissen, wohin sie gehören.

Mae West, amerikanische Schauspielerin, 1892–1980

Sieben Grundsätze männlicher Vorherrschafts-Ideologie

1. Das männliche Selbst kann weder ausgelöscht werden noch sich in nichts auflösen. Es ist.
2. Körperliche Stärke ist Macht, Macht über Schwächere.
Männer sind körperlich stärker als Frauen und beherrschen sie daher.
3. Männer sind von ihrer Biologie her aggressiv, von Natur aus kämpferisch, immer und ewig antagonistisch, genetisch grausam, hormonell konfliktfreudig, unverrückbar feindselig und kriegerisch.
4. Männer benennen die Dinge authentisch, weil Männer geistig und schöpferisch sind.
5. Männer verfügen über die Macht, zu besitzen.
6. Die Macht des Geldes ist ein eindeutig männliche Macht.
Alle Macht geht vom Penis aus.
7. Männer haben die Macht der Sexualität.
Männliche Macht ist das Wesen der Pornographie.
Die Erniedrigung des Weiblichen ist das Mittel, diese Macht zu erringen.

Andrea Dworkin, amerikanische Journalistin und Feministin, geb. 1946

Vergiß niemals, daß ein Mann ein selbstbezogenes Etwas ist. Behalte diese kleine Tatsache immer im Auge. Und wenn du ihm schmeicheln willst, denke daran. Weine nicht, mache keine Szenen, und sei auf keinen Fall voreilig. Sei nett zu allem, aber deine Nettigkeit muß echt sein. Ein Mann möchte niemals kontrolliert werden.

Anonym, aus dem späten 19. Jahrhundert

Wenn ich ihn sehe, werden mir jedesmal die Knie weich. Ist das Liebe? Oder Angst?

Graffiti

Sei immer gut, doch niemals gütig, sonst werden die Typen übermütig.

Graffiti

Wenn ein Mann zurückweicht, weicht er zurück. Eine Frau weicht zurück, um besser Anlauf zu nehmen.

Zsa Zsa Gabor, ungarisch-amerikanische Schauspielerin, geb. 1919

Als Mutter kann man seinen Töchtern nur den Rat geben: Mißtraut den Männern von 18 bis 80 Jahren!

Unbekannt

Alte Männer sind gefährlich: Ihnen ist die Zukunft egal.

Madame de Staël, französische Autorin, 1766–1817

Es gibt keine gefährlichen Männer, nur arglose Frauen.

Helen Rowland, amerikanische Autorin, 1875–1950

Ich werde immer wieder gefragt, ob ich wieder heiraten möchte. Das ist das gleiche, als würde man nach einem Autounfall einen zweiten haben wollen.

Stephanie Beachem

Gib einem Mann erste Priorität in deinem Leben – er ist der Hauptgang. Dann sind die Chancen groß, daß du nicht nur dich selbst, sondern auch dein Selbstbewußtsein verlierst.

Sonya Friedman, zeitgenössische amerikanische Autorin

Es ist wirklich alles nur ein Spiel. Du brauchst keine Affäre mit einem Mann zu haben, um eine intuitive Vorstellung von Männern zu bekommen.

Etty Hillesum, holländische Tagebuch-Autorin, 1914–1943

Es ist schwer, gegen einen Mann zu kämpfen, der einen Vorposten in deinem Herzen hat.

Sally Kempton, amerikanische Journalistin, geb. 1943

KAPITEL 6

MÄNNER & DER FLIRT

DER MANN AUF DER PIRSCH

Ein Frauenkenner ist ein Mann, der nur Frauen kennt, die er besser nicht kennen würde, und von ihnen auf Frauen schließt, die er nie kennen wird.

Anonym

Die Weltgeschichte ist voll von Eroberern, die vor Frauen kapituliert haben.

Isa Miranda

Junggesellen sind Männer, die nur halb aufs Ganze gehen.

Tatjana Sais-Green, deutsche Schauspielerin, 1901–1981

Männer haben nicht den Mut, einem Mädchen, das sie nicht übertrumpfen können, den Hof zu machen – auch nicht einem, mit dem sie nicht Schritt halten können!

Jessamyn West, amerikanische Autorin, Dichterin und Drehbuchautorin, 1907–1984

Trauet nie den Rosen eurer Jugend,
Trauet, Schwestern, Männerschwüren nie.

«Die Kindsmörderin« von Schiller, 1759–1805

Wenn wir auch der Schmeichelei keinen Glauben schenken, der Schmeichler gewinnt uns doch.

Marie von Ebner-Eschenbach, deutsche Schriftstellerin, 1830–1916

Der Mann bewundert die Frau, die ihn zum Denken bringt, aber er hält sich von ihr fern; er schätzt die Frau, mit der er lachen kann, liebt das Mädchen, das ihn verletzt und heiratet das Weib, das ihm schmeichelt.

Unbekannt

Je mehr Fehler im Sinne der männlichen Wertung eine Frau besitzt, desto mehr Glück hat sie bei den Männern.

Gina Kraus, Schriftstellerin, 1896–1985

Wenn zwei Männer um eine Frau kämpfen, geht es ihnen um den Kampf, nicht um die Frau.

Graffiti

Eine Frau kann einem Mann verzeihen, wenn er eine günstige Gelegenheit erzwingt, aber niemals, wenn er eine Chance nicht erkennt.

Graffiti

Wenn ein Mann mit seinen Erfolgen bei Frauen angibt, hat er sie nicht.

Karin Eickelbaum, Schauspielerin, geb. 1937

Männer, die sich auf ihre Eroberungen etwas einbilden, ahnen in den seltensten Fällen, wie oft sie selbst erobert worden sind.

Jeanne Moreau, französische Filmschauspielerin, geb. 1929

Nicht sich an eine Frau zu binden, scheut der Mann, sondern sich von allen anderen zu trennen.

Anonym

Junggesellen sind Männer, die lieber suchen als finden.

Caterina Valente, deutsche Schlagersängerin, geb. 1931

Das Schwierigste für eine junge Dame liegt darin, einen Mann davon zu überzeugen, daß er ernste Absichten hat.

Helen Rowland, Schriftstellerin, Journalistin, 1876–1950

Wenn ein Mann der umworbenen Frau versichert, er sei ihrer nicht würdig, dann hat er meistens recht.

Jeanne Moreau, französische Schauspielerin, geb. 1929

Ein Gentleman ist ein Mann, der sich wenigstens vorstellt, bevor er einem nachstellt.

Marisa Mell, Schauspielerin, 1939–1992

Viele Eroberungen scheitern vielmehr an der Ungeschicklichkeit der Männer als an der Tugend der Frauen.

Ninon de Lenclos, französische Kurtisane, 1620–1705

Kavalier ist einer, der eine Frau vor allen Männern beschützen will – sich selber ausgenommen.

Anonym

Männer laufen einer Frau nach, die längst hinter ihnen her ist.

Sidonie Gabrielle Colette, französische Autorin, 1873–1921

Ein Flirt ist das Training mit dem Unrichtigen für den Richtigen.

Senta Berger, Sängerin und Schauspielerin, geb. 1941

Ein Junggeselle ist ein Mann, der eine Frau lieber im Kopf als am Hals hat.

Anonym

Sobald ein Mann anfängt, sich lächerlich zu benehmen, weiß man, daß er es ernst meint.

Sidonie Gabrielle Colette, französische Autorin, 1873–1921

Ein Gentleman ist ein Mann, in dessen Gesellschaft die Frauen zu blühen beginnen.

Jeanne Moreau, französische Schauspielerin, geb. 1929

Der höchste Vertrauensbeweis unter Männern ist, dem Freund den eigenen Sportwagen zu leihen. Ob die Frau darin sitzt oder nicht, ist schon fast nebensächlich.

Edna Grace

Die Männer sind die geborenen Sucher – am liebsten suchen sie das Weite.

Ursula Herking, Schauspielerin, 1912–1974

Der Mann gehört zu den Jägern, die am liebsten erst einen Vogel mit Chloroform betäuben, ehe sie die Flinte auf ihn richten. Jeder Grünschnabel weiß, daß Mädchen durch honigsüßes Gerede schwach und hilflos werden.

Nina Farewell

Als moderne Frau kennt man den Unterschied zwischen einem Autoreifen und einem Mann: Ein Autoreifen muß mindestens einen Millimeter Profil haben.

Lisa Fitz, Sängerin und Kabarrettistin, geb. 1951

Ich finde Männer zum Totlachen.

Doris Dörrie, deutsche Regisseurin (»Männer«), geb.1955

Heutzutage gilt ein Mann schon als Gentleman, wenn er die Zigarette aus dem Mund nimmt, bevor er eine Frau küßt.

Barbra Streisand, amerikanische Schauspielerin, geb. 194

Ein Mann ist dafür gemacht worden, drei Meilen durch den Regen zu laufen, um Hilfe bei einer Autopanne zu holen – und die Frau wurde gemacht, um »Das hat aber ganz schön lange gedauert« zu sagen, wenn er tropfend naß zurückkommt.

Victoria Wood, britische Komödiantin, geb. 1953

Männer reden, Frauen lächeln sich die Seele aus dem Leib.

Karin Michaelis, dänische Schriftstellerin, 1872–1950

Frauen machen sich nur deshalb so hübsch, weil das Auge des Mannes besser entwickelt ist als sein Verstand.

Doris Day, amerikanischer Filmstar, geb. 1924

Jede Frau möchte lieber schön als klug sein, weil es so viele dumme Männer gibt und so wenige blinde.

Françoise Rosay, Schauspielerin, 1891–1974

Die Männer sind zweiffellos dümmer als die Frauen. Oder hat man jemals gehört, daß eine Frau einen Mann nur wegen seiner hübschen Beine geheiratet hat?

Micheline Presle, Schauspielerin, geb. 1922

Männer bevorzugen diese lebenden Puppen gegenüber richtigen Frauen ohne Ängste.

Eliza Lynn Linton, englische Autorin und Feministin, 1822–1898

Der Mann kann anziehen, was er will, er bleibt doch Accessoire der Dame.

Coco Chanel, französische Modeschöpferin, 1883–1971

Häßliche Frauen wissen mehr über Männer als hübsche.

Katherine Hepburn, amerikanische Schauspielerin, geb. 1909

Die Schönheit brauchen wir Frauen, damit die Männer uns lieben; die Dummheit, damit wir die Männer lieben.

Coco Chanel, französische Modeschöpferin, 1883–1971

Die Männer beteuern immer, sie liebten die innere Schönheit der Frau. Komischerweise gucken sie immer woanders hin.

Marlene Dietrich, deutscher Filmstar, 1904–1993

Glamour ist das, was einen Mann dazu bringt, nach deiner Telephonnummer zu fragen. Es ist das gleiche, wenn eine Frau den Namen deines Schneiders wissen möchte.

Lilly Daché, französische Modedesignerin, geb. 1904

Warum haben Männer solche Angst vor Frauen, die nicht ständig lächeln?

Karen Sawitz, Leserin eines Frauenmagazins

Es ist beeindruckend zu sehen, daß in unserer Stadt die Frau eines Schuhmachers oder eines Schlachters oder eines Lastenträgers in Seide gekleidet ist, mit Goldketten um den Hals und Perlen und einem Ring von gutem Werte… und dann im Gegensatz dazu ihren Mann zu sehen, der Fleisch schneidet, verschmiert mit dem Blut der Kuh, armselig gekleidet…. aber wer immer dieses sorgfältig betrachtet, wird es vernünftig finden, weil es für eine Lady notwendig ist, auch wenn sie von niedrigem Stande und bescheiden ist, daß sie mit solchen Kleidern bedeckt ist wegen ihrer natürlichen Außergewöhnlichkeit und Würde, und daß der Mann weniger verehrt wird als ein Sklave oder ein kleiner Arsch, geboren zu ihren Diensten.

Lucrezia Marinella, italienische Schriftstellerin, ca. 1600

Was Männer mit einem Blick erfassen können, wird für sie uninteressant.

Sophia Loren, italienische Schauspielerin, geb. 1934

Der durchschnittliche Mann ist interessierter an einer Frau, die sich für ihn interessiert, als an einer Frau mit schönen Beinen.

Marlene Dietrich, deutsche Schauspielerin, 1909–1993

Voyeure sind Männer, die nur noch besichtigen, weil sie nichts mehr beabsichtigen.

Helen Vita, Schauspielerin und Chansonsängerin, geb. 1928

Der Mann modelliert die Frau von Natur aus nach dem Bild, das er im Kopf trägt. Muß man sich das gefallen lassen?

Claire Groll, Schriftstellerin

Vor allem Männer bekommen es nicht mit, daß man ein Hirn und einen Körper haben kann. Aber das ist deren Problem, nicht meines.

Naomi Wolf, amerikanische Autorin und Feministin, geb. 1962

Sei vorsichtig bei Männern, die Frauen als das »schöne Geschlecht« bezeichnen – sie handeln mit Rauschmitteln.

Nellie McClung, kanadische Suffragette, 1873–1951

Gentlemen scheinen sich immer nur an Blondinen zu erinnern.

Anita Loos, amerikanische Autorin, 1893–1981

Männer mögen sanfte, zerbrechliche Frauen, aber ich beeindrucke sie.

Catherine Deneuve, französische Schauspielerin, geb. 1945

Der einzige Ort, an dem ein Mann bei einer Frau Tiefe erwartet, ist ihr Dekolleté.

Zsa Zsa Gabor, ungarisch-amerikanische Schauspielerin, geb. 1919

Eine Art von Mann, die ich verachte, ist diejenige, die gelangweilt guckt, wenn ich über Ibsen, die Azteken oder Kunsthandwerk rede, aber sofort interessiert ist, wenn ich eine Bemerkung über meine Strumpfbänder mache.

Mary MacLaine, amerikanische Schriftstellerin, 1881–1929

Sex-Appeal ist das, was Männer nur mit den Händen beschreiben können.

Uschi Glas, deutsche Schauspielerin, geb. 1944

In der Werbephase vermarktet sich der Mann mit dem gleichen Aufwand, den eine große Firma in ein neues Produkt stecken würde.

Cheryl Benard, geb. 1953,

Edit Schlaffer, geb. 1950, österreichisches Autorinnenduo

Die meisten Männer begehren Frauen, mit denen sie vor den Jungs prahlen können, Frauen, die auch von anderen Männern begehrt werden, obwohl ganz deutlich ist, daß sie dem Begehren ihres Besitzes unterjocht sind.

Germaine Greer, englische Autorin, geb. 1939

Häßlichkeit bei Männern kann man verzeihen und übersehen – bei Frauen nicht.

Barbara G.Walker, amerikanische Autorin, geb. 1930

Ein Gentleman ist einer, der die Geschichte, die du erzählst, noch nie gehört hat.

Zsa Zsa Gabor, ungarisch-amerikanische Schauspielerin, geb. 1919

Ein Junggeselle ist ein Mann, der einen Hauptgewinn landen will, indem er kein Los erwirbt.

Iska Geri, deutsche Sängerin, geb. 1932

Die meisten Männer flirten nur, um sich selber zu versichern, daß sie immer noch attraktiv für das andere Geschlecht sind.

Joyce Brothers, amerikanische Journalistin, geb. 1929

Junggesellen sind Männer, die gern verheiratet wären, aber nicht ständig.

Helen Vita, deutsche Schauspielerin, geb. 1928

Woran erkennst Du, daß ein Mann lügt?
Schau einfach hin, ob er die Lippen bewegt.

Graffiti

Männer laufen vor gescheiten Frauen davon. Intelligenz beim weiblichen Wesen ist ein Geburtsfehler.

Marilyn Monroe, Filmschauspielerin, 1926–1962

Eine Frau, die sich gehenläßt, wird ihren Mann bald gehenlassen müssen.

Senta Berger, Schauspielerin und Filmproduzentin, geb. 1941

Mit den schlanken Frauen geben die Männer an, aber die molligen nehmen sie mit nach Hause.

Anonym

Gut zurechtgemacht fürs Ausgehen ist eine Frau dann, wenn ihr Begleiter lieber mit ihr zu Hause bliebe.

Anonym

Frauen benutzen Parfüms, weil die Nase des Mannes noch besser entwickelt ist als sein Auge.
Jeanne Moreau, französische Schauspielerin, geb. 1929

Frauen, die schon im Kleid alles zeigen, haben nichts mehr, worauf sie den Mann neugierig machen können.
Raquel Welch, amerikanische Schauspielerin, geb. 1940

Lange Röcke sind nur schön mit einem möglichst langen Schlitz, sonst vergessen die Männer am Ende, wie ein Frauenbein aussieht.
Sophia Loren, italienische Schauspielerin, geb. 1934

Der Pullover einer Frau sitzt richtig, wenn die Männer nicht mehr atmen können.
Zsa Zsa Gabor, ungarisch-amerikanische Schauspielerin, geb. 1919

Frauen lassen einen Mann nur deshalb warten, weil sie damit seine Vorfreude vergrößern wollen.
Hannelore Elstner, Schauspielerin, geb. 1942

In Liebesdingen kann jede Frau schneller zuhören, als der Mann zu sprechen vermag.
Helen Rowland, amerikanische Schriftstellerin, 1875–1950

Die Männer ändern zwar manchmal ihre Ansichten, aber nie ihre Absichten.

Iska Geri, deutsche Sängerin, geb. 1932

Wer flirtet, probt den Abstand.

Senta Berger, Schauspielerin und Filmproduzentin, geb. 1941

Frauen fürchten nicht das Alter. Sie fürchten nur die Meinung der Männer über alte Frauen.

Jeanne Moreau, französische Schauspielerin, geb. 1928

Ein Gentleman ist ein Mann, der eine Frau solange beschützt, bis er mit ihr allein ist.

Ava Gardner, Schauspielerin, 1922–1990

Es ist ein Irrtum anzunehmen, die Frauen machten sich schön, um die Männer zu erfreuen. In Wahrheit tun sie es bloß, um andere Frauen zu ärgern.

Jeanne Moreau, französische Schauspielerin, geb. 1928

Es gibt keinen Antiquitäten-Fan, dessen Vorliebe für das Alter sich auch auf Frauen erstrecken würde.

Micheline Presle, Schauspielerin, geb. 1922

Heute steht eine Frau auf einer Party immer vor der Frage, ob sie genug angezogen oder genug ausgezogen ist.

Cathérine Deneuve, französische Filmschauspielerin, geb. 1943

Die meisten Männer verstehen unter Après-Ski so etwas wie Avant-Lit.

Sunnyie Melles von Rohonczy, Schweizer Schauspielerin, geb. 1959

Wenn Männer einer Frau hilfreich unter die Arme greifen wollen, wissen sie meistens nicht genau, wo der Arm aufhört.

Elke Sommer, Schauspielerin, geb. 1940

Eine attraktive Frau ist wie ein Bankier: Warum soll sie nicht zeigen, daß sie Aktiva hat?

Anna Magnani, italienische Schauspielerin, 1908–1973

Die Männer sind wirklich merkwürdig: Erst wenn der Strom ausfällt, fällt ihnen etwas ein.

Gisela Schlüter, Komikerin und Kabarettistin, geb. 1914

Wenn man schöne Beine behalten will, muß man sie von den Blicken der Männer massieren lassen.

Marlene Dietrich, deutsche Schauspielerin, 1904–1993

Strohwitwer sind jederzeit entflammbar; das ist ganz einfach materialbedingt.

Helen Vita, Schauspielerin, geb. 1928

Dekolleté ist die Kunst, sich so zu erkälten, daß ein Mann sich dafür erwärmt.

Ingrid van Bergen, Kabarettistin und Chansonette, geb. 1931

Früher brauchte man nur ein Taschentuch fallen zu lassen, und schon stürzten die Männer herbei. Heute könnte man einen Büstenhalter verlieren, und keiner rührt einen Finger.

Helen Vita, Schauspielerin, geb. 1928

Strohwitwer sind wie Zündholzer: auch von alten Schachteln noch entflammbar.

Edi Wels

Die Männer würden Frauen leichter erobern, wenn sie nicht so stolz darauf wären.

Virna Lisi, Sängerin und Schauspielerin, geb. 1937

Ein Junggeselle ist ein Mann, der Liebe mit Fersengeld bezahlt.

Senta Berger, Schauspielerin und Filmproduzentin, geb. 1941

Flirten ist ein Versuch, mit dem Feuer zu spielen, ohne welches zu fangen.
Maria Perschy

Zuerst haben die Männer zehn Frauen an einem Finger. Und dann haben sie zehn Finger an einer Frau.
Helen Vita, deutsche Schauspielerin, geb. 1928

Die Männer, auf die die Frauen fliegen, sind nicht dieselben, bei denen sie landen.
Senta Berger, deutsche Schauspielerin und Filmproduzentin, geb. 1941

Am Anfang eines Flirts sind die Männer Verhaltensforscher; später verhalten sie sich dann forsch.
Monika Peitsch, Schauspielerin, geb.1942

Der Flirt ist ein Überbrückungskredit zur nächsten Liebe.
Jeanne Moreau, französische Schauspielerin, geb. 1928

Für das Wohlbefinden einer Frau sind bewundernde Männerblicke wichtiger als Kalorien und Mediakamente.
Françoise Sagan, französische Schriftstellerin, geb.1935

Viele Männer suchen eine Frau mit Geld. Aber die meisten suchen Geld mit Frau.

Jeanne Moreau, französische Schauspielerin, geb. 1928

Wenn ein Mann eine Frau in schöne Worte wickelt, will er sie meistens nur aus schönen Kleidern wickeln.

Ingrid van Bergen, Kabarettistin und Chansonette, geb. 1931

Wenn man einem Mann das Handwerk gelegt hat, probiert man es halt mit den Füßen.

Helen Vita, Schauspielerin, geb. 1928

Ein Mann stiehlt den ersten Kuß, bittet um dem zweiten, verlangt den dritten, nimmt sich den vierten, akzeptiert den fünften und duldet alle folgenden.

Helen Rowland, US-Autorin, 1876–1950

Wenn ein Mann sagt »Junge, Junge!«, meint er meistens »Mädchen, Mädchen!«.

Gisela Schlüter, Komikerin und Kabarettistin, geb. 1914

Ein Gentleman ist ein Mann, der sich nur ein Geschenk im Laufe der Zeit zurückholt – den Lippenstift.

Shirley MacLaine, amerikanische Schauspielerin, geb.1934

Ein Playboy ist ein Mann, der keinen Roman, sondern immer nur Kurzgeschichten erlebt.

Erika Pluhar, österreichische Schauspielerin und Sängerin, geb. 1939

Je weniger Zähne ein Mann hat, umso leichter beißt er an.

Trude Hesterberg, Schauspielerin, 1892–1967

Männer werden nicht von dem angezogen, was die Frauen im Kopf haben, sondern von dem, was sie nicht im Kopf haben.

Gypsy Rose Lee, amerikanische Boulevard-Schauspielerin, 1914–1970

KAPITEL 7
MÄNNER & GEFÜHLE

Zwischen Liebe und Ignoranz

Liebe ist eine Krankheit, aber heilbar.

Rose Maccaulay, englische Autorin, 1881- 1958

Alte Männer fühlen sich wichtig, wenn sie glauben, sie seien verliebt.

Willa Sibert Cather, amerikanische Autorin, 1873–1947

Männer hörten auf zu weinen, als es aus der Mode kam.

Simone de Beauvoir, französische Autorin, 1908–1986

Männer brauchen ihre emotionalen Möglichkeiten nicht zu entwickeln. Sie sind schon scheußlich genug überentwickelt.

Jill Tweedie, englische Schriftstellerin, geb. 1936

Das Schlimmste für einen Mann ist, sich mit seinen, deinen oder irgend jemandes Gefühlen beschäftigen zu müssen. Also verbiete der Himmel, daß du ihn möglicherweise mit der schlechten Nachricht konfrontierst, er hätte dich verletzt.

Sonya Friedmann, zeitgenössische amerikanische Autorin

Sanftheit, so scheint es, ist kein Gewinn für Männer.

Lin Green, zeitgenössische kanadische Autorin

Männer, die sich das Rauchen abgewöhnt haben, sind mir unheimlich. Vielleicht gewöhnen sie sich eines Tages die Liebe ab?

Jeanne Moreau, französische Schauspielerin, geb. 1928

Auch die allerbesten Männer können nur leiden, während Frauen aushalten.

Dinah Mulock Craig, Schriftstellerin, 1826–1887

Die meisten Männer, die Kluges über Frauen gesagt haben, waren schlechte Liebhaber. Die großen Praktiker reden nicht, sondern handeln.

Jeanne Moreau, französische Filmschauspielerin, geb. 1928

Mancher heutige Mann liebt nach Fahrplan und wundert sich deshalb sehr, wenn er nicht ankommt.

Heidelinde Weis, österreichische Schauspielerin und Drehbuchautorin, geb. 1940

Männer wissen, daß in irgendeiner Weise Gefühle und Erfahrungen wichtig sind. Also haben sie Frauen um sich herum, die sich um ihre Gefühle kümmern, wie Ameisen sich um Blattläuse kümmern.

Nellie McClung, kanadische Suffragette, 1873–1951

Ein emotionaler Mann mag keinen Humor besitzen, aber ein humorvoller Mann hat normalerweise tiefe Taschen voller Emotionalität, manchmal gut versteckt oder vergessen.

Constance Roarke, amerikanische Autorin, 1895–1941

In der Liebe bei Männern findet man, wenn man genau darauf achtet, immer dieselbe launische, instinktive und besessene Art des Egoismus, die für gewöhnlich als Eifersucht bezeichnet wird.

Emily Gowan Murphy, kanadische Autorin, 1868–1933

Eine große Liebe läßt sich durch die Realität, das wahre Ich des Geliebten nicht stören.

Hannah Arendt, Soziologin und Politikwissenschaftlerin, 1906–1975

Eine Romanze ohne die richtigen Finanzen ist eine Plage. Nur wenige Männer sind freie Waren. Laßt die Schlampen machen, was sie wollen.

Sally Stanford, amerikanische Schriftstellerin, 1904–1982

Eine meiner Theorien ist, daß Männer mit den Augen lieben; Frauen lieben mit den Ohren.

Zsa Zsa Gabor, ungarisch-amerikanische Schauspielerin, geb. 1919

Männer wurden dazu erzogen, sich für ihre Schwächen zu entschuldigen, Frauen für ihre Stärken.

Louise Wyse, amerikanische Werbefachfrau, geb. 1926

Immer wenn ein Mann liebt, setzt er seine ganze Männlichkeit aufs Spiel. Einmal versagt – und das ganze Selbstvertrauen ist im Eimer!

Erika Berger, deutsche Sex-Expertin, geb. 1938

Ein verliebter Mann hält jeden Pickel für ein Grübchen.

Japanisches Sprichwort

Wenn man einmal das Glück hat, einen ergriffenen Mann zu sehen, ist das unerhört schön.

Gabriele Wohmann, Schriftstellerin, geb. 1932

Gib mir noch ein paar gebrochene Herzen, wenn es hilft, ein paar Pfunde zu verlieren.

Sidonie-Gabrielle Colette, französische Schriftstellerin, 1873–1954

Ein gebrochenes Herz ist es, das das Leben fünf Jahre später schön macht, wenn du den Typen im Aufzug triffst, und er ist fett, raucht eine Zigarre und sagt: »Wie geht's? Lange nicht gesehen.«

Phyllis Betelle

Wir können nur lernen zu lieben, indem wir lieben.

Iris Murdoch, irische Schriftstellerin, geb. 1919

»Ich glaube, Geduld ist das, was Liebe ausmacht«, sagte er. »Denn wie kann man jemanden ohne Geduld lieben?«

Jane Howard, amerikanische Schriftstellerin, geb. 1934

Ich brauche keinen überstarken, mächtigen, reichen Mann, um mich sicher zu fühlen. Ich möchte viel lieber einen Mann haben, der für mich da ist, der mich wirklich liebt, der mit mir wächst und der wirklich da ist.

Bianca Jagger, Frau von Mick Jagger, geb. 1945

Ich möchte nicht nur geliebt werden, sondern ich möchte auch gesagt bekommen, daß ich geliebt werde.

George Eliot, englische Autorin, 1819–1880

Man muß nie nach dem Glück gucken: Man trifft es einfach so…

Isabelle Eberhardt, englische Abenteurerin, 1877–1904

Manche Männer küssen einen und sagen überhaupt nichts, andere küssen einen und erzählen die ganze Zeit; aber George Moore redete und küßte gar nicht.

Susan Mitchell

Manche Männer brechen dein Herz,
Manche Männer katzbuckeln und schmeicheln,
Manche Männer gucken dich nicht an,
Und das rückt die Sache gerade.

Dorothy Parker, amerikanische Dichterin, 1893–1967

It's never too late to have a fling
For autumn is just as nice as spring
And it's never too late to fall in love.

Es ist nie zu spät, sich in eine Affäre zu stürzen
im Herbst ist es genauso schön wie im Frühling
und es ist nie zu spät, sich zu verlieben.

Sandy Wilson, Komponistin, geb. 1924

Männer lieben Frauen um jeden Preis schon seit der Kindheit. Sie lieben Frauen, obwohl es das weibliche Geschlecht ist, das die Männer veranlaßt, sich dafür schuldig zu fühlen, was sie am stärksten von ihnen wünschen.

Nancy Friday, amerikanische Schriftstellerin, geb. 1937

Die Liebe ist nur eine Episode im Leben des Mannes; sie ist die ganze Geschichte des Frauenlebens.

Madame de Staël, französische Autorin, 1766–1817

Liebe, menschlich zu beglücken,
nähert sie ein edles Zwei;
doch zu göttlichem Entzücken
bildet sie ein köstlich Drei.

Helena im »Faust« (II, 3.), Johann Wolfgang von Goethe, 1749–1832

Tränenreiche Männer sind gut.

Griechisches Sprichwort

Der Mann ist zwar nötig und unheilbringend wie ein strenges Heimatklima, doch will er begehrt sein wie exotischer Überfluß.

Sidonie-Gabrielle Colette, französische Schriftstellerin, 1873–1954

Herzensbrecher brechen hauptsächlich Herzen, die bereits einen Sprung haben.

Anonym

Jeder Mann rächt sich an der einen, die ihn liebt, für alle, die ihn verschmähten.

Katharina Herberg, deutsche Schauspielerin, geb. 1935

Solange die Männer noch nicht verheiratet sind, sprechen sie nur von ihrem Herzen. Später reden sie dann von der Galle und der Leber.

Trude Hesterberg, Schauspielerin, 1892–1967

Männer, die nicht lieben und nicht rauchen, sind auch sonst nicht zu gebrauchen.

Sprichwort

Wenn der Mann verliebt ist, zeigt er sich so, wie er immer sein sollte.

Simone de Beauvoir, französische Autorin, 1908–1986

Frauen möchten in der Liebe Romane erleben, Männer Kurzgeschichten.

Daphne du Maurier, britische Autorin, 1907–1989

Männer kennen das ganze Alphabet unserer Gefühle – von A bis B.

Graffiti

Männer kennen nur eine wahre Liebe: die Eigenliebe.

Graffiti

Küssen ist die angenehmste Methode, Männern den Mund zu stopfen.

Graffiti

Der erste Mann, der sich eine gute Erklärung ausdenkt, wie ein Mann seine Frau *und* eine andere Frau lieben kann, wird sicher diesen Preis gewinnen, der in Schweden verliehen wird.

Clare Boothe Luce, amerikanische Journalistin, 1903–1987

Männer legen ihre Gefühle aufs Eis, als könnten sie dadurch ihre Haltbarkeit verlängern.

Graffiti

Ich habe niemals Männer gesehen, die sich aneinander festgehalten haben, sich richtig umarmt haben. Ich glaube, die einzigen Dinge, die Männer tun dürfen, sind Händeschütteln und kämpfen.

Rita Mae Brown, amerikanische Autorin, geb. 1944

Bisher ist noch jede Beziehung eines natürlichen Todes gestorben.

Graffiti

Wenn es darauf ankommt, in den Augen einer Frau zu lesen, sind die meisten Männer Analphabeten.

Heidelinde Weis, österreichische Schauspielerin und Drehbuchautorin, geb. 1940

Lassen Sie mich Ihnen anvertrauen, was mir seit langem klargeworden ist und was sich mir durch die Gegenwart immer wieder bestätigt: Der Mann mag viele zum Teil unerhörte Begabungen haben – zur Liebe ist er nicht begabt; diese innige Verbindung von Liebe mit Arbeit und Leben, wie die Götter sie uns schenkten, ist ihm nicht gegeben.

Xanthippe im »Gastmahl der Xanthippe« von Delphica

Männer lieben Frauen nicht. Sie benutzen und nutzen sie aus, dann finden sie es gerecht, die Frauen dem Gesetz der Treue zu unterwerfen.

George Sand, französische Schriftstellerin, 1804–1876

Alle Männer sind so: Sie schätzen gering, was sie besitzen, und kehren begierig zu dem zurück, was sie durch eigene Schuld verloren haben.

Emmeline in einer Novelle von Alfred de Musset, 1810–1857

Schweigen bei Männern ist nicht das gleiche wie Zuhören.

Gloria Steinem, amerikanische Feministin, geb. 1934

Männer sind Ausländer im Land der Emotionen.

Cheryl Benard, geb. 1953,
Edit Schlaffer, geb. 1950, österreichisches Autorinnenduo

Nach Frauenglut mißt Männerliebe nicht
Wer Liebe kennt und Leben, Mann und Frau.

Sappho in dem gleichnamigen Stück von Franz Grillparzer, 1791–1872

In solchem Fall sind alle Männer dumm,
Er glaubt wohl auch, daß er der erste wäre.

Dame in »Faust«, Johann Wolfgang von Goethe, 1749–1832

Je mehr Intensität, Phantasie, Lebendigkeit du in die Liebe reinzubringen versuchst, desto eher fühlen Männer sich gegrapscht, gekrallt, geklammert und kriegen Angst vor deiner Hundertfünfzigprozentigkeit.

Victoria Quast, zeitgenössische Schauspielerin

Liebe auf den ersten Blick ist die Entschuldigung der Männer dafür, daß sie es eilig haben.

Elke Sommer, Schauspielerin, geb. 1940

Wohin ich schaue, leiden Frauen am Doppelleben eines Mannes. Das blödsinnig stereotype Bild von Ehefrau und Geliebter scheint der Konstruktion des männlichen Charakters eben doch zu entsprechen. Sie scheinen einen Sicherheitsfaktor zu benötigen, der sie vor der Irrationalität eines lebendigen Gefühlslebens schützt.

Erika Pluhar, Schauspielerin, geb. 1939

Das Schlimme an den Männern ist, daß sie Angst vor der Leidenschaft haben. Sie lieben mit dem Fuß auf dem Bremspedal – und deshalb wissen sie überhaupt nicht, was Leidenschaft ist.

Brigitte Bardot, französische Filmschauspielerin, geb. 1934

Durch Heftigkeit ersetzt der Mann, was ihm an Wahrheit fehlt.

Annette von Droste-Hülshoff, deutsche Schriftstellerin, 1797–1848

Männer übersehen, daß die Tatsache, daß jeder Mensch nur auf sich selbst vertrauen kann, alles andere als ein erstrebenswertes Ideal darstellt und die Möglichkeiten einer Weiterentwicklung in der Gemeinschaft verbaut.

Cheryl Benard, geb. 1953,

Edit Schlaffer, geb. 1950, österreichisches Autorinnenduo

Wer die Geheimnisse des Bettes verrät, verdient die Liebe nicht.

Ingeborg Bachmann, Schriftstellerin, 1926–1973

Liebe ist, ihn die Geschichte fertig erzählen zu lassen, die sie selber angefangen hat.

Kim Novak, amerikanische Schauspielerin, geb. 1933

Selbstaufgabe und Selbstlosigkeit sind Assoziationen, die Männern bestimmt nie in den Sinn kommen, wenn sie an Liebe denken.

Cheryl Benard, geb. 1953,

Edit Schlaffer, geb. 1950, österreichisches Autorinnenduo

Liebschaften sind wie Pilzgerichte – beides sollte man nicht aufwärmen.

Inge Meysel, deutsche Schauspielerin, geb. 1910

Die Gefühle eines Mannes für eine Frau erkennt man daran, wie schnell er bei einer Autopanne im Wald den Abschleppdienst alarmiert.

Eva Pflug, Schauspielerin

Nur eine verliebte Frau bringt es fertig, einen Mann zu durchschauen, ohne ihn anzublicken.

Kim Novak, amerikanische Schauspielerin, geb. 1933

In der Liebe fühlt sich der Mann als Bogen, dabei ist er nur der Pfeil.

Jeanne Moreau, französische Schauspielerin, geb. 1928

Die meisten Männer brauchen mehr Liebe, als sie verdienen.

Marie von Ebner-Eschenbach, deutsche Schriftstellerin, 1830–1916

Die erste Liebe ist ein Versprechen, das andere halten werden.

Senta Berger, Schauspielerin und Filmproduzentin, geb. 1941

In der Liebe fährt die Hoffnung sechsspännig, der Wunsch vierspännig, die Erwartung zweispännig und die Wirklichkeit mit einem einzigen Gaul.

Luise Bertram

Nur im Urlaub gibt es die ewige Liebe für 14 Tage.

Uschi Glas, deutsche Schauspielerin, geb. 1944

Ein Mann, der liebt, vergißt sich selbst. Eine Frau, die liebt, vergißt die anderen Frauen.

Daphne du Maurier, britische Autorin, 1907–1989

In der Liebe ergeben ein kluger Mann und eine kluge Frau zusammen zwei Narren.

Helen Vita, Schauspielerin, geb. 1928

Wenn die Technik der Liebe wichtiger ist als das Gefühl, wird der Mann zum Liebesingenieur.

Jeanne Moreau, französische Schauspielerin, geb. 1928

Ein Geliebter ist ein Mann, den man nicht heiratet, weil man ihn gern hat.

Vanessa Redgrave, Schauspielerin, geb. 1937

In der Liebe gibt es zwei Sünden: die läßlichen und die unerläßlichen.

Helen Vita, Schauspielerin, geb. 1928

In der Liebe sind auch die größten Herzensbrecher nur Lehrlinge mit Vergangenheit.

Zsa Zsa Gabor, ungarisch-amerikanische Schauspielerin, geb. 1919

Liebe ist die wunderbare Gabe, einen Menschen so zu verstehen, wie er nicht ist.

Hannelore Schroth

Die Frau liebt die Schwäche des Starken mehr als seine Stärke, die Dummheit des Gescheiten mehr als seine Gescheitheit.

Shirley MacLaine, amerikanische Schauspielerin, geb.1934

Die Liebhaber sind so pünktlich wie die Sonne.

Bätely in »Bätely und Jery«, Johann Wolfgang von Goethe, 1749–1832

Zum Glück sind Männer nicht immer so schrecklich vereinnahmend, außer in dieser fatalen Zeit des Verliebtseins.

Mary Berenson, amerikanische Kunstkritikerin, 1864–1945

Es ist bewiesen worden, daß Männer sich schneller verlieben als Frauen.

Joyce Brothers, Psychologin, geb. 1929

Die Liebe der Männer zu Frauen ist voller Gier.

Nancy Friday, amerikanische Autorin, geb. 1937

Männer sollten die Liebe einer Frau wie ein Erbe betrachten und sie nicht wie eine Diebesbeute messen und bewachen.

Margaret Fuller, amerikanische Autorin, 1810–1850

Selbst die Liebe ist nur ein Mittel zum Zweck für den Mann.

Elizabeth Smart, Poetin, 1913–1986

Männer werden immer über unsere gebrochenen und blutenden Herzen steigen, aber wir müssen sie immer noch lieben, anstatt irgend etwas anderes zu tun.

Minna Simmons in einem Brief an Ruth Slate, englische Tagebuchautorin, 1884–1953

Ein Freund hat mir gesagt, ich solle meine romantische Vorstellung von einem Mann für eine Frau vergessen.

Ruth Slate, englische Tagebuchautorin, 1884–1953

KAPITEL 8

MÄNNER & DIE PARTNERSCHAFT

Das starke und das schwache Geschlecht

Ich liebe fertige Männer, da kann ich selber Kind sein.

Ingrid Steeger, Schauspielerin, geb. 1948

Um mit einem Mann glücklich zu sein, muß man sehr viel Verständnis für ihn aufbringen und ihn außerdem ein wenig gern haben.

Helen Rowland, US-Autorin, 1876–1950

Männer haben einen sehr sicheren Geschmack. Sie wünschen sich immer eine andere Frau als die, die sie gerade haben.

Barbra Streisand, amerikanische Schauspielerin, geb. 1942

Allzu viele Männer scheinen auf naive und egoistische Weise immer noch zu glauben, daß das, was sie gerne fühlen und mögen, automatisch auch das sein muß, was Frauen mögen.

Shere Hite, amerikanische Autorin, geb. 1942

Jede Frau erwartet von einem Mann, daß er hält, was sie sich von ihm verspricht.

Chariklia Baxevanos, deutsche Schauspielerin, geb. 1936

Wenn die Jungs nicht das von dir kriegen, was sie wollen, sind sie stinksauer auf dich.

Madonna, Pop-Queen, geb.1958

Ich persönlich glaube, daß eine Frau, die mit 24 noch nicht den richtigen Mann gefunden hat, sich glücklich schätzen kann.

Deborah Kerr, schottisch-amerikanische Schauspielerin, geb. 1921

Männer brauchen viel von Frauen, und sich um einen Mann zu kümmern, ist ein Ganztags-Job.... Ich glaube, Männer sollten Persönlichkeit entwickeln, dann bräuchten sie sich nicht so sehr auf weibliche Personen stützen, daß diese dann einen Teil ihres Lebens aufgeben müßten.

Joyce Carol Thomas, amerikanische Dichterin und Schriftstellerin, geb. 1938

Am Bedauernswertesten sind die Männer, die Frauen als Mittel zum Aufpolieren ihres Egos betrachten, nur eine Dekoration für ihre Schwanzspitze, diejenigen, die niemals gelernt haben, die Gesellschaft einer Frau zu genießen.

Sandy Fawkes, zeitgenössische amerikanische Autorin

Heutzutage braucht eine Frau drei Männer: einen reichen, älteren Ehemann, einen schönen jungen Liebhaber und einen guten, homosexuellen Freund, der sie begleitet zu den Essen, zu denen ihr Ehemann nicht gehen will und zu denen man den Geliebten nicht mitbringen kann, weil sonst jede versuchen würde, ihn auszuspannen.

Ira von Fürstenberg, Filmschauspielerin, geb. 1940

Manchmal nachts, allein, wache ich auf und mich friert. Dann wünsche ich mir einen Automaten, in den man eine Münze steckt – und ein Kerl kommt raus, der mich wärmt.

Whoopie Goldberg, Schauspielerin, geb. 1949

Natürlich muß man die Männer so nehmen, wie sie sind. Aber man darf sie nicht so sein lassen.

Zsa Zsa Gabor, ungarisch-amerikanische Schauspielerin, geb. 1919

Frauen und Männer treffen sich in einer Menge und vermischen sich, und trotzdem bleibt im Endeffekt jede Seele mit sich selbst allein.

Alice Carey, amerikanische Autorin, 1820–1871

Nur ein Mann kann glauben, daß das Glück einer Frau darin besteht, ihm zu gefallen und ihn zu bedienen.

Margaret Fuller, amerikanische Literatin, 1810–1850

Wissen Sie, warum Gott den Frauen den Sinn für Humor vorenthalten hat?
Damit wir Euch lieben, anstatt über Euch zu lachen.

Mrs. Patrick Campbell, britische Schauspielerin, 1865–1940

Man kann eine Menge Männer lieben. Man darf sie genießen, vernaschen – und dann sollte man sie verlassen.

Françoise Pascal, französische Filmschauspielerin, geb. 1949

Eine Frau macht es stolz, die Ursache einer Dummheit zu sein, zu der ein Mann sich hinreißen läßt.

Sidonie Gabrielle Colette, französische Schriftstellerin, 1873–1954

Es mag wunderbar sein, ein Mann zu sein – dann könnte ich aufhören, mir Gedanken darüber zu machen, was fair gegenüber Frauen ist, und könnte zufrieden annehmen, daß ich überlegen bin, und daß sie alle dazu geboren sind, meine Hemden zu bügeln.

Katherine Whitehorn, britische Journalistin, geb. 1926

Keine Frau trägt gern ein Kleid, das eine andere abgelegt hat. Mit Männern ist sie nicht so heikel.

Françoise Sagan, französische Autorin, geb. 1935

Offenheit ist für viele Männer die Kunst, nur so viel zu gestehen, wie die Frau bereits weiß.

Tatjana Sais, Kabarettistin, geb. 1945

Zwischen zwei Individuen ist die Harmonie niemals gegeben. Sie muß immer wieder aufs Neue erobert werden.

Simone de Beauvoir, französische Philosophin, 1908–1986

Ich brauche keinen Mann, um meine Existenz zu rechtfertigen. Die tiefgehendste Beziehung, die wir jemals haben werden, ist die mit uns selbst.

Shirley MacLaine, amerikanische Schauspielerin, geb.1934

Männer fragen sich ständig, was es denn nun ist, was sie falsch gemacht haben könnten.

Anna Ford, zeitgenössische englische Autorin

Frauen wollen Männer mittelmäßig haben, und Männer tun alles, so mittelmäßig wie möglich zu sein.

Margaret Mead, amerikanische Anthropologin, 1901–1978

Ich glaube nicht, daß Männer und Frauen zum Zusammenleben gemacht wurden. Sie sind grundsätzlich verschiedene Tiere.

Diana Dors, britische Schauspielerin, 1931–1984

Ich habe niemals einen Mann genug gehaßt, um ihm seine Diamanten zurückzugeben.

Zsa Zsa Gabor, ungarisch-amerikanische Schauspielerin, geb. 1919

Die schöne Sache daran, vierzig zu sein, ist, daß man fünfundzwanzigjährige Männer mehr genießen kann.
Colleen McCullough, australische Autorin, geb. 1938

Die einzigen Männer, die zu jung sind, sind die, die ihre Liebesbriefe mit Wachsstiften schreiben, Pyjamas mit Füßen tragen und zum halben Preis fliegen.
Phyllis Diller, amerikanische Komödiantin, geb. 1917

Männer sind das Salz in der Suppe des Lebens, die richtige Dosierung muß jede Frau für sich allein herausfinden. Ganz nach Geschmack, jede von uns hat ihr eigenes Mann(s)-Bild.
Lotti Huber, deutsche Schauspielerin, geb. 1912

Ständiges Zusammensein ist fein – doch nur für siamesische Zwillinge.
Victoria Billings, amerikanische Journalistin, geb. 1945

Nun trifft es ja zu, daß ein Mann etwas Wunderbares ist, aber es muß seltsam erscheinen, daß noch immer die meisten Frauen ihn gleich für so wunderbar halten, daß sie in ihm Schutz und Fürsorge suchen, Stärke und Sicherheit.
Annemarie Weber, Schriftstellerin, 1918–1991

Was mich betrifft, so will ich eigentlich nur Sex von den Männern – manchmal. Ich will keine Gespräche mit ihnen, nicht ihren Rat, nicht ihre Hilfe und schon gar nicht ihr blödes Liebesgesäusel.

Germaine Greer, Frauenrechtlerin, geb. 1939

Ich habe mir nie viel aus jungen Männern gemacht. Meine Partner waren immer viel älter. Aber natürlich kommt man einmal in ein Alter, in dem es schwierig wird, solche Männer zu finden.

Lotti Huber, deutsche Schauspielerin, geb. 1912

Die Männer tadeln den Wankelmut der Frauen, wenn sie sein Opfer sind, aber sie finden ihn ganz entzückend, wenn sie sein Nutznießer sind.

Brigitte Horney, Filmschauspielerin, 1911–198

Liszt sagte heute zu mir, daß Gott allein es verdient, geliebt zu werden. Das mag die Wahrheit sein, doch wenn man einen Mann geliebt hat, ist es sehr schwer, Gott zu lieben.

George Sand, französische Schriftstellerin, 1804–1876

Ich möchte oft weinen. Letztendlich ist der einzige Vorteil, den Frauen gegenüber Männern haben – sie können weinen.

Jean Rhys, dominikanisch-britische Schriftstellerin, 1894–1979

Die Liebe zu einem Mann ist wie ein Salto mortale – sieht toll aus, ganz ohne Anstrengung, und verlangt doch viel Arbeit, Liebe und Energie.

Sunnyie Melles von Rohonczy, Schweizer Schauspielerin, geb. 1959

Wenn ein Mann glaubt, ein Frau besiegt zu haben, dann hat er meist schon verloren.

Anonym

Eine Frau muß ein- oder zweimal in ihrem Leben einen schlechten Mann haben, um dankbar für einen guten zu sein.

Marjorie Kinnan Rawlings, amerikanische Schriftstellerin, geb. 1896–195

Suche keine Machos, Dünnbrettbohrer, Besserwisser oder Standheizungsschwärmer. Wenn Sie anstatt eines Gummibandes ein Rückgrat besitzen, rufen Sie mich an.

Anzeige aus der »Westdeutschen Zeitung«

Nicht alle Männer sind schleimige Warzenschweine. Einige Männer sind dumme Giraffen, einige jammervolle Welpen, einige unsichere Frösche. Aber wenn man nicht vorsichtig ist, können diese schleimigen Warzenschweine es für alle anderen Männer verderben.

Cynthia Heimel, amerikanische Humoristin und Schriftstellerin, geb. 1947

Männer mögen es nicht, wenn man seine Strumpfhosen herumliegen läßt. Männer mögen gelenkt werden. Männer mögen keine Büstenhalter, die mit Sicherheitsnadeln zusammengehalten werden und hassen den Mangel an entzückenden, gutgekleideten Frauen. Männer lieben dich nur, wenn du ihnen ausweichst. Männer bevorzugen einen Flirt mit einer Frau, die sie nicht liebt, statt mit einem Mädchen mit fettigen Haaren, das sie verehrt. Du darfst einem Mann nie zeigen, daß du ihn magst und mußt an allen Fronten kämpfen, um jeden Tag besser dazustehen als die anderen.

Benoîte Groult, französische Schriftstellerin, geb. 1921

Die Frau verliert in der Liebe zu einem ausgezeichneten Manne das Bewußtsein ihres eigenen Wertes. Der Mann kommt erst recht zum Bewußtsein des seinen durch die Liebe einer edlen Frau.

Marie von Ebner-Eschenbach, deutsche Schriftstellerin, 1830–1916

Das soll so eine narrische Eigenheit der Männer sein, daß sie dann kalt sind, wenn man sie zu sehr liebt.

Bettina von Arnim, deutsche Schriftstellerin, 1785–1859

Für viele Männer ist die Bekanntschaft mit einer Frau eine Einbahnstraße in Richtung Bett. Die Bedauernswerten haben keine Ahnung davon, daß eine sich anbahnende Beziehung wie ein Delta ist mit vielen Nebenströmen, Seitenarmen und Flußverästelungen, deren Erforschung den eigentlichen Reiz ausmacht.

Judy Williams

Nicht der Mann in meinem Leben zählt, sondern das Leben in meinem Mann.

Mae West, amerikanische Filmschauspielerin, 1892–1980

Im Grunde gibt es nur zwei Arten von Männern. Die eine ist dieser charmante, liebenswerte Nichtsnutz, in den wir uns rettungslos verknallen und der dadurch so interessant wird, daß er sich unserem Zugriff entzieht. Die zweite Sorte ist erwachsen und fähig zur Liebe.

Amelie Fried, Moderatorin und Journalistin, geb. 1958

Eine Beziehung entsteht nur dann, wenn das Denken sie herstellt.

Simone Weil, französische Schriftstellerin und Essayistin, 1909–1943

Eines der ältesten menschlichen Bedürfnisse ist, jemanden zu haben, der sich fragt, wo du bist, wenn du nachts nicht nach Hause kommst.

Margaret Mead, amerikanische Anthropologin, 1909–1978

Liebhaber, »Boy-Friends«, waren überhaupt keine Freunde; sie waren Preise, Begleitung, Symbole des Erfolgs, faszinierende Fremde, das Andere.

Susan Allen Toth, amerikanische Autorin, geb. 1942

Die grundlegende Entdeckung mancher Leute ist die Entdeckung der Beziehung zwischen Mann und Frau.

Pearl S. Buck, amerikanische Autorin, 1892–1973

Männer sagen, sie lieben die Unabhängigkeit bei Frauen, aber sie vergeuden keine Sekunde, sie Stück für Stück zu vernichten.

Candice Bergen, amerikanische Schauspielerin, geb. 1946

Die meisten Frauen setzen alles daran, einen Mann zu ändern, doch wenn sie ihn verändert haben, gefällt er ihnen nicht mehr.

Marlene Dietrich, deutsche Schauspielerin, 1904–1993

Ein Mann muß immer fühlen, daß du mit gepackten Koffern dastehst.

Adele Sandrock, deutsche Schauspielerin, 1863–1937

Wenn eine Frau ihrem Mann verziehen hat, dann sollte sie seine Sünden zum Frühstück nicht wieder aufwärmen.

Marlene Dietrich, deutsche Schauspielerin, 1904–1993

Männer haben Frauen immer nur als Mutter, Geliebte und so weiter kennengelernt, das heißt, immer nur im Bezug auf ihre eigene Person.

Emma Jung, Schweizer Gelehrte, 1882–1955

Heute hört man es sehr viel, daß der Mann von der Frau bemitleidet werden will, es geradezu für die Pflicht der Frau hält, ihn tief und innig zu bedauern.

Gretchen in »Gastmahl der Xanthippe« von Delphica

Das Erfolgsgeheimnis für eine funktionierende Partnerschaft: Nie einem Mann die Vorzüge eines anderen vorhalten.

Regula Heinzelmann, Schweizer Buchautorin, geb. 1956

Frauen haben mich bewegt und geschüttelt, doch Männer haben mich ernährt.

May Sarton, belgisch-amerikanische Autorin, geb. 1912

Eine Frau braucht manchmal den Schutz eines Mannes vor seinem gesamten Geschlecht – im normalen Leben, auf ihrem Weg durch einen einsamen Wald, auf der Autobahn oder in den dunklen Straßen einer Metropole. Manchmal braucht sie aber auch Schutz vor einem Mann von allen anderen Männern.

Elizabeth Cady Stanton, amerikanische Feministin, 1815–1902

Normalerweise erkennen die Leute einen Mann an seiner Begleitung, aber eine Frau wird gewöhnlich an dem Mann gemessen, der sie hat.

Lisa Alther, amerikanische Autorin, geb. 1944

Der Mann bedeutet den Ewigkeitswert des Augenblicks; die Frau die Unendlichkeit des Geschlechts. Der Mann ist der Fels, auf dem die Zeit ruht; die Frau ist der Strom, der sie weiterträgt.

Gertrud von le Fort, Dichterin, 1876–1971

Ein Mann ohne Frau ist ein Baum ohne Blätter!

Sprichwort

Die Selbstverständlichkeit, mit der Männer – und zwar unabhängig von Weltanschauung, Persönlichkeit und Alter – sich ihrer Überlegenheit als Männer bewußt sind und sie im Privatbereich einsetzen, mal mit, mal ohne Schuldgefühle, ist fast schon atemberaubend.

Cheryl Benard, geb. 1953,

Edit Schlaffer, geb. 1950, österreichisches Autorinnenduo

Der Mann weiß, die Frau weiß besser.

Sprichwort

Ein Mann ist ein Fluß, die Frau ist ein See.

Sprichwort

Man kann niemanden zu seinem Glück zwingen. Wenn Männer keine intensiven, wirklich inneren Beziehungen wollen, dann kann man sie nicht zu der Einsicht zwingen, daß dies besser für sie wäre.

Cheryl Benard, geb. 1953,

Edit Schlaffer, geb. 1950, österreichisches Autorinnenduo

Männer sind nett, solange sie an der kurzen Leine gehalten werden. Wittern sie die Freiheit, sind sie nicht mehr zu halten.

Paula K. Read, amerikanische Autorin, geb. 1962

Frauen konnten Männer immer schon gut leiden – und gut leiden konnten sie nur mit ihnen.

Anonym

Es ist Tatsache, daß Männer Frauen mehr brauchen als Frauen Männer; und so, aus Angst vor dieser Tatsache, hat der Mann immer versucht, die Frau wirtschaftlich von ihm abhängig zu machen als einzige Möglichkeit für ihn, sich selbst unentbehrlich für sie zu machen.

Elizabeth Gould Davis, amerikanische Autorin, 1925–1974

Ein Mann braucht eine Frau, weil irgendwann ja doch einmal etwas passiert, für das er die Politiker nicht verantwortlich machen kann.

Graffiti

Gerade die sogenannten geistigen Männer haben oft für eine überragende Frau oder wenigstens ebenbürtige Frau nicht oder nur für beschränkte Zeit die Kraft.

Sappho in »Das Gastmahl der Xanthippe« von Delphica

Der Mann, der von Frauen »zu sehr geliebt wird«, lebt von den weiblichen Fehlern wie ein Schmarotzer und versteht es, diese Schwächen zu seinem eigenen Vorteil gnadenlos zu maximieren und auszunutzen.

Cheryl Benard, geb. 1953,

Edit Schlaffer, geb. 1950, österreichisches Autorinnenduo

Männer können fürchterlich schmecken und ganz beunruhigend aussehen. Frauen lieben sie trotzdem.

Naomi Wolf, amerikanische Journalistin und Autorin, geb. 1962

Das schwächere Geschlecht ist das stärkere wegen der Schwäche des stärkeren für das schwächere.

Greta Garbo, schwedische Schauspielerin, 1905–1990

Einige Männer sind einfach unfähig, irgend etwas bei sich zu verändern, und deshalb brauchen sie die Veränderung von außen, indem sie immer wieder eine neue Frau nehmen.

Petra Schnitt, zeitgenössische Journalistin

Die Männer sagen immer wieder dasselbe, aber Gott sei Dank immer wieder zu einer anderen Frau.

Jeanne Moreau, französische Schauspielerin, geb. 1928

»Lebensgefährte« ist ein Wort, das sich von »Lebensgefahr« ableitet.

Graffiti

Jede Liebesbeziehung besteht aus Geben und Nehmen: Du gibst – er nimmt.

Graffiti

Wenn Frauen verblühen, verduften die Männer.

Graffiti

Karriere ist etwas Wunderbares, aber man kann sich an ihr nicht wärmen.

Marilyn Monroe, Filmschauspielerin, 1926–1962

Eine Frau braucht drei Liebhaber, um vollkommen glücklich zu sein: einen älteren für den Scheck, einen in mittleren Jahren für den Chic und einen jüngeren für den Schock.

Anonym

An der Seite vieler Männer kann sich die Frau maximal den Rang eines Möbelstücks erarbeiten.

Amelie Fried, Moderatorin und Journalistin, geb. 1958

Der Mann weiß nicht, wie er Schluß machen soll. Die Frau weiß nicht, wann sie Schluß machen soll.

Helen Rowland, amerikanische Schriftstellerin, 1875–1950

Das Übel mit den Männern ist, daß sie sich am Morgen um zehn Jahre jünger fühlen und am Abend um zwanzig Jahre älter.

Carmen Ortiz

Es gibt Frauen, die haben Darwin falsch verstanden: Sie machen aus jedem Mann einen Affen.

Elke Sommer, Schauspielerin, geb. 1940

Wenn eine Frau einen Mann ins Gebet nimmt, sagt er meistens Ja und Amen.

Marianne Langewiesche, deutsche Schriftstellerin, 1908–1949

Die Sorgfalt, mit der Männer Frauen anlügen, ist ein Kompliment für uns.

Sophia Loren, italienische Schauspielerin, geb. 1934

Es ist immer das gleiche: zuerst hat man einen Mann im Herzen, dann auf dem Schoß und dann am Hals.

Lore Lorentz, Schauspielerin, 1920–1994

Mancher Mann ist wie ein Brief: Man sollte ihm eine kleben, bevor man ihn aufgibt.

Tatjana Sais, Kabarettistin, geb. 1945

Nichts macht eine Frau dicker als ein Mann.

Zsa Zsa Gabor, ungarisch-amerikanische Schauspielerin, geb. 1919

Eine Frau, die keine Wünsche hat, ist keine Frau.
Ein Mann, der keine Wünsche erfüllt, ist kein Mann.

Gisela Schlüter, Komikerin und Kabarettistin, geb. 1914

Jeder Mann möchte bei einer Frau der erste sein, aber keiner der letzte.

Zsa Zsa Gabor, ungarisch-amerikanische Schauspielerin, geb. 1919

Angler enkennt man daran, daß sie nichts fangen. Bringt ein Mann, der angeblich angeln war, Fische nach Hause, ist Vorsicht geboten.

Diana Pricker

Der Mann schließt von einer Frau auf alle. Die Frau schließt von allen Männern auf einen.

Senta Berger, Schauspielerin und Filmproduzentin, geb. 1941

Eine Frau, die von Männern verstanden werden möchte, redet. Eine Frau, die von Frauen verstanden werden möchte, schweigt.

Nanni Svampi

Jede Frau wäre gerne treu. Schwierig ist es nur, den Mann zu finden, dem man treu sein kann.

Marlene Dietrich, deutsche Schauspielerin, 1904–1993

Für den Mann ist jede Frau ein Rätsel, dessen Lösung er bei der nächsten sucht.

Jeanne Moreau, französische Schauspielerin, geb. 1928

Ich halte viel von den Männern, deswegen bin ich auch nicht verheiratet.

Jutta Heine

In seinen Lebensumständen ist der Mann der geborene Reaktionär, den jede Veränderung erschreckt, sogar eine neue Zahnbürste.

Miranda Corti

Wenn ein Mann will, daß ihm seine Frau zuhört, muß er nur mit einer anderen Frau sprechen.

Liza Minelli, Sängerin und Schauspielerin, geb. 1946

Wenn ein Mann einer Frau sagt, daß er ihrer nicht würdig sei, will er sie loswerden.

Gail Sheehy, amerikanische Autorin, geb. 1937

Den Mannsleuten ist alle Mühen verloren, sie sind doch nicht zu bessern.

Dorothea in »Die Fischerin«, Johann Wolfgang von Goethe, 1749–1832

Die Treue vieler Männer beruht oft nur auf Trägheit, die Treue vieler Frauen auf Gewohnheit.

Gertrud von le Fort, Dichterin, 1876–1971

Es gibt einen Unterschied zwischen weiblicher und männlicher Sexualität. Für ihn ist getan getan, für die Frau verebbt es langsam. Im Endeffekt kann er sexuell befriedigt sein, egal was er noch von dieser Begegnung hat.

Alice Koller, amerikanische Autorin, geb. 1925

Ich habe oft gedacht, daß Männer, die Frauen leidenschaftlich umsorgen, letzlich mehr am Tempel und seiner Ausstattung hängen als an der Göttin selber.

Marguerite Yourcenair, französische Poetin, 1903–1987

Alte Liebhaber sind genauso wie alte Photographien, die wie in einem Säurebad ausbleichen. Erst verblassen die Muttermale und Pickel, dann die Schatten, dann die Gesichter, bis zum Schluß nur noch die Umrisse übrig sind.

Margaret Atwood, kanadische Autorin, geb. 1939

Auch männliche Verlierer können eine »Frau« finden, die für sie sorgt – sicherlich auch sehr viel leichter als eine weibliche »Gewinnerin« Frauen oder Männer findet, die für sie sorgen.

Phyllis Chesler, amerikanische Psychologin, geb. 1940

10 Dinge, auf die Frauen von heute bei Männern achten

1. Sterilisationsnarben
2. Intelligenz
3. Zeit
4. Sinn für Humor
5. Eine verstorbene Mutter
6. Eine Vase
7. Eine sicheren Job mit Möglichkeiten zum Aufstieg
8. Gute Zähne
9. Gestählten Körper
10. Einen gesunden Stammbaum

Susan Connaught-Curtin und Patricia O'Conell, zeitgenössische amerikanische Autorinnen

Es heißt: Take me or leave me. Meistens aber tun die Männer beides. Erst nehmen sie einen, dann verlassen sie einen.

Anonym

Friede mit dem bestimmten Mann im Leben zu halten wird immer wichtiger, als mit der ganzen männlichen Gesellschaft zu hadern.

Susan Faludi, zeitgenössische amerikanische Autorin

Ein Mann, der seine Frau betrügt, schummelt auch beim Kartenspielen.

Texas Guinan, amerikanische Entertainerin, 1884–1933

Ein Mann bewegt mich, weil er mein Leben, das Gesicht, die Präsenz und die Zärtlichkeit des Tages sein kann – nicht weil er mich besitzt und auf immer und ewig bei mir bleibt.

Marie Lénéru, französische Autorin, 1875–1918

Ein Mann hat nur eine Möglichkeit, um vor seinem alten Ich zu fliehen. Um ein anderes Selbst zu sehen, muß er in den Spiegel der Augen einer Frau blicken.

Clare Boothe Luce, amerikanische Diplomatin, 1903–1987

Irgendwo gibt es einen Mann mit Schwanz, der ein unbeschwertes Grinsen auf den Lippen hat und lange genug bleibt, um ihn kennenzulernen.

Jill Robinson, amerikanische Autorin, geb. 1936

KAPITEL 9

MÄNNER & SEX

ALLE MÄNNER HABEN NUR ZWEI DINGE IM KOPF –
GELD IST DAS ANDERE

Kluge Männer jeden Alters verachten die Bräuche, die uns zu Vasallen männlicher Sexualität machen.

Abigail Adams, amerikanische Autorin, 1744–1818

Immer, wenn du mit einem Jungen schläfst, schläfst du mit allen seinen ehemaligen Freundinnen.

Englische Aids-Kampagne, 1987

Sag mir, Schatz, wie magst du dein Ei morgens am liebsten?
Unbefruchtet!

Dong Mulray

Was ist der Unterscheid zwischen einer Klitoris und einer Kneipe?
Die meisten Männer finden die Kneipe auf Anhieb.

Anonym

Im wirklichen Leben versuchen die Frauen immer etwas mit Sex zu mischen – Religion oder Kinder oder hartes Geld; nur Männern reicht der Sex ganz getrennt von allem anderen – ohne Ringe oder Bänder.

Katharine Whitehorn, britische Autorin, geb. 1921

Was ist ein Orgasmus, Mama?
Ich weiß es nicht, frag Deinen Vater!

Liz Mackie

Was ist bei Männern das Vorspiel?
Die Frage: Bist Du wach, Schatz?

Anonym

Ich habe die Überzeugung immer gehaßt, daß das einzige Band zwischen Mann und Frau Sex ist. Freundschaft ist sehr viel menschlicher.

Agnes Smedley, amerikanische Autorin, 1894–1950

Alle Männer haben nur zwei Dinge im Kopf. Geld ist das andere.

Jeanne Moreau, französische Schauspielerin, geb. 1928

Die Anfänger in der Liebe erkennt man daran, daß sie nicht mehr aufhören können.

Kim Basinger, Schauspielerin, geb. 1954

Der Sex-Appeal eines Mannes besteht aus Macht, Geld und einem herben Parfüm – in dieser Reihenfolge.

Vivian Mellish

In der Liebe verbindet der moderne Mann die Gefühlswärme eines Computers mit der Behutsamkeit eines Jumbo-Jets.

Anna Magnani, italienische Schauspielerin, 1908–1973

Wenn alle Frauenverführer wüßten, wie oft sie selbst die Verführten sind, wären sie sehr kleinlaut.

Jeanne Moreau, französische Schauspielerin, geb. 1929

In der Liebe sind alle Männer fortgeschrittene Anfänger.

Madame de Poitigny

Es gibt außer Essen, Trinken und Rauchen noch eine Tätigkeit, bei der der Mann selbständig konsumiert. Nämlich dann, wenn es gilt, seinen Sexualtrieb zu befriedigen.

Esther Vilar, Autorin und Feministin, geb. 1935

Nachhilfeunterricht für erotisch Unbegabte ist so sinnvoll wie ein Flugblatt für Analphabeten.

Mary Wendell

Ein Junggeselle braucht Einfallsreichtum, um mit einer Frau zu schlafen. Ein verheirateter Mann braucht nur eine Ausrede.

Anonym

Der Hintern einer Frau ist Männersache, aber ein Männerhintern bleibt seine Sache, und nur seine ganz allein.

Maryse Pelletier, zeitgenössische kanadische Theaterautorin

Eine Frau bleibt eine Frau, bis sie stirbt. Ein Mann ist nur ein Mann, solange er kann.

Moms Mabley, zeitgenössische amerikanische Entertainerin

Selbstbefriedigung ist klasse: Du mußt ihr morgens keinen Kaffee kochen und nicht mit ihr Fußball schauen.

Graffiti

Normalerweise werden Wörter wie »Bestie«, »Sex-Monster«, »Untier« und »Teufel« benutzt, um Vergewaltiger zu beschreiben. Nur selten findet sich das einfache Wort »Mann« – was ein Vergewaltiger ja unweigerlich ist.

Cambridge Rape Crisis Center, 1987

Ich glaube nicht, daß die normalen sexuellen Bedürfnisse eines Mannes größer sind als die der Frau. Das durchschnittliche Bedürfnis ist bei Männern zweifellos größer. Das liegt jedoch an der Unterdrückung der weiblichen Sexualität und der unnatürlichen Stimulation der männlichen Bedürfnisse, die seit so langer Zeit üblich ist.

Marie Stopes, britische Politikerin, 1880–1958

Ein Mann hat zwei Grundbedürfnisse. Aber keines davon, was auch immer behauptet werden mag, ist Sex. Ein Mann braucht Liebe und Arbeit.

Erika Berger, deutsche Sex-Expertin, geb. 1938

Ein Mann ist so jung wie die Frau, die er fühlt.

Unbekannt

Das Bett ist die Oper des kleinen Mannes.

Italienisches Sprichwort

Gib einem Mann eine freie Hand, und er wird dich überall antatschen.

Mae West, amerikanische Schauspielerin, 1893–1980

Ich wollte mit ihm schlafen, wußte aber nicht, wie ich das schaffen sollte, ohne zu heiraten. Ich habe mit jedem gesprochen, mit meinem Priester, meinem Arzt, und sie alle sagten: »Mach es – heirate.« Jetzt könnte ich ihnen eins auf die Nase gaben.

Joan Hackett, amerikanische Schauspielerin, geb. 1942

Kein Mann kann mit dem, was in der Nacht passieren wird, über den Tag gehalten werden.

Sally Stanford, amerikanische Lady, 1903–1982

Man kann einen Mann verführen, ohne ihn auch nur zu berühren.

Rae Dawn Chong, amerikanische Schauspielerin, geb. 1961

Nicht der Sex gibt die Freude, sondern der Liebhaber.

Marge Piercy, amerikanische Autorin, geb. 1934

Nichts ist sowohl typisch männlich als auch typisch weiblich, außer Sex zu haben.

Marlo Thomas, amerikanische Schauspielerin, geb. 1943

Alle großen Liebhaber sind redegewandt, denn mit Worten zu verführen ist der sicherste Weg, Frauen richtig zu verführen.

Marya Mannes, amerikanische Journalistin, geb. 1904

Man kann jeden Mann haben, den man nur will. Irgendwann ist der Mann so gierig, daß er einen haben muß, ob er will oder nicht.

Kathrin Linden, deutsche Journalistin, geb. 1967

Die Männer orten ihre Achillesferse nicht am Fuß, sondern unter der Gürtellinie.

Cheryl Benard, geb. 1953,

Edit Schlaffer, geb. 1950, österreichisches Autorinnenduo

Es ist egal, was man in seinem Schlafzimmer macht, solange man es nicht auf der Straße macht und die Pferde erschreckt.

Mrs. Patrick Campbell, britische Schauspielerin, 1865–1940

Zwei Vorwürfe werden Männern gemacht: Der Mann kann seine sexuellen Impulse, die zudem sehr unreif, unerotisch und krank sind, nicht kontrollieren.

Cheryl Benard, geb. 1953,

Edit Schlaffer, geb. 1950, österreichisches Autorinnenduo

Auch der Geist kann eine erogene Zone sein.

Raquel Welch, amerikanische Schauspielerin, geb. 1940

Jeder Mann sollte mindestens einmal die Zunge eines anderen Mannes im Mund gehabt haben. Nur so kann er mitreden.

Madonna, amerikanischer Popstar, geb. 1958

Männer finden Frauen, die schamlos Sex wollen, anstrengend. Die Arbeit im Büro ist fordernd genug.

Erica Abeel, amerikanische Autorin, geb. 1937

Wenn man über Vergewaltigungen spricht, müssen sogar die überzeugtesten Feministinnen zugeben, daß es eine Sache gibt, die Männer besser können.

Gabrielle Burton, feministische Autorin, geb. 1939

Männer lieben intensiver mit zwanzig, aber sie lieben besser mit dreißig.

Katharina die Große, russische Kaiserin, 1729–1796

Der Liebesakt ist des Mannes letzter verzweifelter Versuch, seine Übermacht aufrechtzuerhalten.

Bette Davis, amerikanische Schauspielerin, 1908–1989

In der Literatur erfährt man viel über die sich bei einem Mann entwickelnde Männlichkeit in den sexuellen Anfängen; viel weniger erfährt man über die Gefühle einer Frau, wenn sie ihre Jungfräulichkeit verliert.

Janice Delaney, Mary Jane Lupton und Emily Toth,
zeitgenössische amerikanische Autorinnen

Norma: Eddy schläft danach immer todmüde ein.
Meg: Männer sind eben anders.

Maureen Duffy, englische Dramatikerin, geb. 1933

Das Problem ist, daß sie zu viele Hormone haben. Und daß sie damit immer Probleme haben, nicht nur zehn Tage im Monat wie die Frauen.

Sally Dustin, Zitat in einem amerikanischem Magazin

Ein Mann braucht die sexuelle Eroberung, um zu beweisen, daß er es noch immer kann, daß er ihn noch hochkriegen kann. Es ist wie ein Duell mit ihm selbst. Er muß es die ganze Zeit beweisen. Wir müssen es nicht beweisen.

Prinzessin Elisabeth von Jugoslawien

Viele junge Männer sind neugierig darauf, was eine ältere Frau so für sie tun kann.

Sandy Fawkes, zeitgenössische amerikanische Autorin

Für Männer, die Frauenwäsche als Fetische verehren, wird ein Kurs im Waschen, Bügeln und Nähen empfohlen.

Charlotte Perkins Gilman, amerikanische Autorin, 1860–1935

Das Schöne an einem feurigen, jungen Liebhaber ist, daß er es *jetzt* will, egal ob im Badezimmer, in der Küche, auf dem Feld, in einem Ladeneingang, im Auto, im Flugzeug, im Zug oder auf der Baustelle.

Sandy Fawkes, zeitgenössische amerikanische Autorin

Ein Mann ist so konstituiert, daß er seine Leidenschaften ausleben muß oder stirbt!

Margaret Fuller, amerikanische Literatin, 1810–1850

Ich werde mich nicht aufhängen, nur weil ein erbärmlicher kleiner Mann seinen Schwanz in mich steckt.

Germaine Greer, englische Feministin, geb. 1939

Wenn Männer wüßten, worüber Frauen lachen, würden sie niemals mit uns schlafen.

Erica Jong, amerikanische Schriftstellerin und Dichterin, geb. 1942

Ein Mann verläßt eine Frau, wenn seine sexuellen Interessen aufgebraucht sind und er keinen weiteren Anlaß sieht, nach gemeinsamen Interessen zu suchen.

Alice Koller, amerikanische Schriftstellerin, geb. 1925

Die männliche Sexualität scheint ursprünglich kein anderes Ziel gehabt zu haben als die sofortige Entladung.

Margaret Mead, amerikanische Anthropologin, 1901–1978

Für Männer ist Sex das gleiche, wie Marmelade in einen Berliner zu quetschen.

Germaine Greer, englische Feministin, geb. 1939

Sag mir, was ein Mann an einer Frau sexuell anziehend findet, und ich beschreibe dir seine gesamte Lebensphilosophie.

Ayn Rand, russisch-amerikanische Schriftstellerin, 1905–1982

Die Funktion des Mannes ist es, Samen zu produzieren. Heute haben wir Samenbanken.

Graffiti

Was mich an Männern interessiert?
Wie ist es, mit einer Erektion aufzuwachen?

Carrie Fisher, amerikanische Schauspielerin, geb. 1956

Die Männer befinden sich in einem ständigen Zustand sexueller Unruhe, sie müssen mit dem Kribbeln der Hormone leben.

Camilla Paglia, amerikanische Autorin, geb. 1946

Allein daraus, daß alle Vergewaltiger Männer sind, läßt sich nicht folgern, daß alle Männer Vergewaltiger sind.

Margaret Atwood, kanadische Autorin, geb. 1939

Männer, die nur an Frauen interessiert sind, müssen entweder heiraten, bezahlen oder zu Vergewaltigern werden, und das so schnell wie möglich.

Jane Rule, kanadische Autorin, geb. 1931

Ein Mann kann durch die Gegend vögeln, wie er will. Keiner fragt danach. Doch wenn eine Frau neunzehn oder zwanzig Mal einen Fehler macht, ist sie ein Flittchen.

Joan Rivers, amerikanische Komödiantin, geb. 1939

Wir haben endlich Klarheit darüber gewonnen, warum Männer aufrecht gehen: um ihre Hände frei zu haben für die Masturbation.

Jane Wagner, amerikanische Humoristin, geb. 1935

Männer verstehen es einfach nicht, daß es viele Formen von Beziehungen zu Frauen gibt und daß mit ihnen zu schlafen – oder es zumindest zu wünschen – nicht alles ist.

Jane Rule, kanadische Autorin, geb. 1931

Weise Männer verursachen keine trockenen Schöße in ihrer Nähe.

Ruth Westheimer, deutsch-amerikanische Sex-Expertin, geb. 1929

Gib einem Mann freie Hand, und er wird versuchen, alles über dich laufen zu lassen.

Mae West, amerikanische Schauspielerin, 1892–1980

Dieses zwanghafte Koitieren der Männer hat wenig mit Lust und viel mit Macht zu tun.

Alice Schwarzer, Journalistin und Schriftstellerin, geb. 1942

Ich habe doch alle schon im Bett gehabt: Zehnkämpfer, Bodybuilder und Gewichtheber. Bei solchen Typen hat man nur viel Arbeit und absolut keinen Spaß.

Domenica, Hamburgs bekannteste Dirne, geb. 1930

Unsicherheit, Langeweile, Ermüdung, Angst und Ablenkung können bei jedem Mann eine Erektion verhindern; augenscheinlich kann Treue nicht ganz so viel.

Irma Kurtz, englische Journalistin, geb. 1935

Die Angst vor Impotenz ist wahrscheinlich die lähmendste Vorstellung, die ein Mann überhaupt haben kann.

Alexandra Penney, zeitgenössische amerikanische Autorin

Ach, bei Männern hilft kein Flehen!

Zerline in »Don Juan«, Oper von Wolfgang Amadeus Mozart, 1878 uraufgeführt

Nur ein Mann kann die Prostitution, obwohl sie Frauen entwürdigt, als eine Errungenschaft der Zivilisation betrachten.

Margaret Fuller, amerikanische Literatin, 1810–1850

Es ist wirklich erstaunlich, daß jeder Mann, mit dem ich ausgehe, den Einfall hat, mich so schnell wie möglich dazu zu bringen, mich hinzulegen – und dann auch noch, um immer genau das gleiche zu tun.

Joan Wyndham, englische Autorin, geb. 1923

Was ein Mann nicht im Kopf hat, sollte er wenigstens in den Händen haben.

Graffiti

Die meisten Männer haben schon einmal gehört oder gelesen, daß es nicht wichtig ist, eine Erektion zu haben, um eine Frau »zufriedenzustellen«. Aber tief in ihrem Herzen glauben sie das nicht.

Alexandra Penney, zeitgenössische amerikanische Autorin

Ich kann in zwölf Sprachen nein sagen – das genügt für eine Frau.

Sophia Loren, italienische Schauspielerin, geb. 1934

Seitdem Energiesparen modern ist, sparen die Männer Energie – vor allem im Bett.

Aus einem Leserbrief

Beim Sex herrscht Damenwahl, obwohl die Männer vom Gegenteil überzeugt sind.

Sophia Loren, italienische Schauspielerin, geb. 1934

Männer können im Bett keine Flaschen sein. Sonst würde man wenigstens noch Pfand auf sie bekommen, wenn sie hinterher alle sind.

Esther Pillmann, deutsche Autorin, geb. 1959

Es ist schon so: Wenn ein Callgirl auspackt, können viele Männer einpacken.

Anonym

Sex ist nicht eine Sache der Kurven, sondern der Ausstrahlung. Männer wittern den Sex-Appeal auch dann, wenn er in einen Sack eingenäht ist.

Elga Andersen, Schauspielerin, geb. 1936

Dekolleté ist die Kunst, für den richtigen Mann richtig ausgezogen zu sein.

Elke Sommer, Schauspielerin, geb. 1940

Die heutigen Männer sind schrecklich: Vor dem Kino parken sie ihr Auto auf dem Gehweg, und im Kino parken sie ihre Hand auf dem Knie der Nachbarin.

Ulla Borg

Männer finden Autos sexy.
Für sie ist ein Sportwagen beinahe ein Geschlechtsverkehr.

Vera Heller

Es würde viel weniger Unfälle geben, wenn die Männer lernten, mit einer Hand zu lenken.

Laura Vivaldi

Wenn ein Mann den Braten riecht, wartet er nicht mehr auf die Beilagen.

Helen Vita, Schauspielerin, geb. 1928

Wenn Männer den Braten riechen, sagen sie meistens auch: »Da haben wir den Salat!«

Iska Geri, deutsche Sängerin, geb. 1932

Männer haben eine ganz falsche Vorstellung von ihrem Sex-Appeal. Der sitzt nicht dort, wo sie meinen, sondern genau in der Höhe der Brusttasche – dort, wo das Scheckbuch steckt.

Zsa Zsa Gabor, ungarisch-amerikanische Schauspielerin, geb. 1919

Die Männer sind sexuelle Chauvinisten, die uns ins Wochenbett zwingen.

Maud Conolly

Das Problem: Fast alle Männer wünschen sich eine Jungfrau mit den Erfahrungen einer Messalina.

Jeanne Moreau, französische Schauspielerin, geb. 1928

Ein Mann ist die Erfüllung, denn eine glückliche Jungfrau gibt es nicht.

Helen Gurley Brown, englische Schriftstellerin und Verlegerin, geb. 1922

Sex ohne Eros ist der Kontakt zweier Hautbesitzer.

Marguerite Duras, Schriftstellerin, geb. 1938

Ich habe eine merkwürdige Entdeckung gemacht. Männer, die in Selbstbedienungsrestaurants essen, machen auch in der Liebe keine Umwege.

Helen Hunter

Sex-Appeal ist die Kunst, einem Mann das Feuer zu geben, das er schon hat.

Christine Schuberth, Schauspielerin, geb. 1944

Die Frau kontrolliert den Sex, weil sie für ihn bekommt, was ihr noch wichtiger ist.

Esther Vilar, englische Autorin, geb. 1935

Männer, die ein Cabriolet fahren, mögen auch Frauen »oben ohne« – Männer, die keins fahren, auch.

Helen Bingham

Wenn Männer aufs Ganze gehen, meinen sie meist die untere Hälfte.

Helen Vita, Schauspielerin, geb. 1928

Männer habe keine Geduld, deswegen haben sie auch den Reißverschluß erfunden.

Senta Berger, Schauspielerin und Filmproduzentin, geb. 1941

Verliebte Männer sind offenbar taubstumm,
jedenfalls unternehmen sie unglaublich viel mit den Händen.

Helga Anders

Erst Männer sind auf die Idee gekommen, nächtliche Unternehmungen Tagungen zu nennen.

Helen Vita, Schauspielerin, geb. 1928

Außen an jeder dünnen Frau ist ein dicker Mann, der versucht, hineinzukommen.

Katherine Whitehorn, britische Autorin, geb. 1928

Weißt du, was einen deutschen Ehemann von anderen in der Welt unterscheidet? Das kann ich dir sagen.

Ein deutscher Ehemann denkt, daß er das Optimum der sexuellen Möglichkeiten entdeckt hat, wenn er es im Schlaf tun kann, so daß er keine Zeit vergeudet.

Betty Lambert, kanadische Theaterautorin, 1933–1993

Kein Mann wird jemals seine Hand unter deinen Rock schieben, um nach dem Bibliotheks-Ausweis zu suchen.

Joan Rivers, amerikanische TV-Moderatorin, geb. 1939

Männer haben es immer geschafft, ihre sexuellen Gelüste streng vom Leben zu Hause zu trennen, vielleicht, weil sie nicht schwanger werden.

Jane Rule, kanadische Autorin, geb. 1931

Die Männer in ihrer Lust haben lange genug die gesamte Frage des Geschlechtsverkehrs bestimmt.

Elizabeth Cady Stanton, amerikanisch Suffragette, 1815–1902

Ein Mann, erzogen um das Gegenteil von mir zu sein, war bestimmt, das Geheimnis zu durchdringen. Der erste mußte mich durch mein unbekanntes Territorium, durch meinen beruhigten Körper, leiten. Sein Körper war dazu bestimmt, eine

Stimme zu haben. Eine befehlende Stimme, die fähig war, mein fremdes Instrument zu dirigieren und es zum Klingen zu bringen.

Renate Stendhal, zeitgenössische deutsche Autorin

Ein einziger Ziegenbock kann mehr als 50 Mutterziegen schwängern.
Was könnten Männer mit ihrer Kraft – vergleichbar mit dieser – nicht alles erreichen?

Reay Tannahill, britische Historikerin, geb. 1929

Es ist unheimlich wichtig, einen netten Mann beim ersten Mal zu haben.
Die meisten Mädchen kriegen scheußliche Männer. Und das hält sie davon ab, nach was Besserem gerade fürs Bett zu gucken.

Joan Wyndham, englische Schriftstellerin, geb. 1923

Wie kann eine Frau einem Mann vertrauen, wenn er sich in sie verliebt, gleich nachdem sie sich geliebt haben?

Doris Lessing, englische Autorin, geb. 1919

KAPITEL 10

MÄNNER & IHR BESTER FREUND

DAS MÄNNLICHE GESCHLECHTSTEIL –
DES MANNES GANZER STOLZ

Männer haben immer den Klatsch und Tratsch der Frauen gehaßt, weil sie die Wahrheit vermuteten: Ihre Maße werden genommen und verglichen.

Erica Jong, amerikanische Schriftstellerin, geb. 1942

Männer lieben ihre Maschine – aber nicht aus Gemeinheit. Sie kompensieren nur ihren kleinen Penis.

Jennie Tomorrow

Zur Potenz des Mannes muß man heutzutage noch die PS-Zahl seines Wagens hinzurechnen.

Margaret Baillie Saunders, Autorin, 1873–1949

Ein Mann hat nicht viele Freunde, eigentlich nur einen Freund. Aber eigentlich ist auch er kein richtiger Freund. Der tut sowieso, was er will.

Anonym

Viele Männer sind nichts als fürchterliche Angeber, bei denen man nur auf die Hose gucken darf, weil sie im Gehirn nichts haben.

Inge Meysel, deutsche Schauspielerin, geb. 1910

Ich bin nicht gegen Männer. Aber ich bin gegen das, was sie im Kopf haben. Und manchmal auch gegen das, was sie in der Hose haben.

Svende Merian, deutsche Autorin, geb. 1955

Ein Mann besteht eigentlich aus zwei Personen: Er selbst und sein Schwanz. Ein Mann nimmt seinen Freund immer zur Party mit. Der Freund ist der nettere von beiden, er ist wenigstens fähig, seine Gefühle zu zeigen.

Beryl Bainbridge, englische Autorin, geb. 1934

Je größer der Wagen, desto kleiner der Schwanz.

Anonym

Jeder weiß: Der Weg zum Herzen des Mannes geht nicht durch den Magen. Das wäre viel zu hoch gezielt.

Kathryn Lee, amerikanische Schauspielerin, geb. 1926

Selbst wenn ein Mann sich als guter Liebhaber bewiesen hat, macht er sich noch Gedanken über vorzeitige Ejakulation und die Größe seines Penis.

Erika Berger, deutsche Sex-Expertin, geb. 1938

Entweder halten Männer ihren Penis für größer, als er ist, oder sie grämen sich, weil sie meinen, Frauen seien scharf auf ein längeres Glied, als sie es zu bieten haben.

Dr. Gerlinde Seidenspinner, Deutsches Jugendinstitut

Ein Mann ist mehr als ein Penis.

Germaine Greer, englische Feministin, geb. 1939

Männer kennen nur eine Angst: die Angst, kein Mann zu sein.

Graffiti

Ich frage mich, wie Männer überhaupt ernsthaft sein können. Sie haben dieses schwächliche, lange Ding, das an ihrem Körper hängt und das nach seinem eigenen Willen hoch- und runtergeht... Wenn ich ein Mann wäre, würde ich die ganze Zeit nur über mich selber lachen.

Yoko Ono, Frau von »Beatle« John Lennon, Künstlerin, geb. 1933

Es würde die Effizienz von Kondomen verbessern, würde es sie in verschiedenen Größen geben. Dann müßte man sie vielleicht wie die Oliven benennen: jumbo, kolossal und super-kolossal, so daß kein Mann in einen Laden gehen und nach kleinen Kondomen fragen müßte.

Barbara Seman in ihrer Rede auf einer Bevölkerungstagung, 1978

Penisse sind wirklich etwas Schmerzliches, weil sie so verletzlich sind, wie sie da raushängen. Und Männer sind auch noch so interessiert daran, wie genau sie nun da raushängen.

Libby Scheier, zeitgenössische kanadische Poetin

Männer haben ein generelles und hauptsächliches Interesse an der Größe ihres Penis, das fast schon in Angst ausartet.

Anna Ford, zeitgenössische englische Autorin

Daß die intelligentesten, scharfsinnigsten und gebildetsten Männer – Männer mit Gefühlen und Talent – letztendlich ihren Stolz in ihrem Schritt tragen, daß sie ehrfürchtig davor sind, wie unbehaglich sie sich mit diesen paar Zentimetern fühlen, die vorne von ihrem Körper abstehen, zeigt doch nur, wie normal es für die Welt ist, verrückt zu sein...

Françoise Parturier, französische Schriftstellerin, geb. 1919

Die Größe ist ein wichtiger Sachverhalt für Männer.
Die Erektion ist eine einmalige Möglichkeit, alles wieder auszugleichen.

Alexandra Penney, zeitgenössische amerikanische Autorin

Jeder Mann hat seine Achillesferse nicht am Fuß, sondern im Schritt.

Barbara G. Walker, amerikanische Wissenschaftlerin, geb. 1930

Der Wert eines Penis liegt nicht in seinem Charme als Wasserspielzeug oder in seiner Erektionsgröße, sondern vielmehr in seinem sozialen Vorrecht, das er mit sich bringt.

Dorothy Dinnerstein, zeitgenössische amerikanische Feministin

Ich bevorzuge Maiskolben gegenüber dem männlichen Genital.

Elizabeth Smart, kanadische Autorin, 1913–1934

Wenn du den Penis nimmst, mußt du auch den Kerl nehmen, der mit ihm kommt.

Marion Woodman, zeitgenössische Psychiaterin

KAPITEL 11

MÄNNER & HEIRAT

Der verhängnisvolle Schritt

Jeder Mann hat die Chance, eine Frau glücklich zu machen – indem er Junggeselle bleibt.

Anonym

Wenn zwei Menschen heiraten, werden sie vor den Augen des Gesetzes zu einer Person, und diese eine Person ist der Ehemann.

Florynce R. Kennedy, amerikanische Rechtsanwältin und Menschenrechts-Aktivistin, geb. 1916

Warum sollte die Heirat nur Tränen bringen?
Alles, was ich wollte, war ein Mann
Mit einem einsamen Herzen
Und wir würden zusammenbleiben
Während unser Haar weiß wird
Nicht jemanden, der immer hinter Fischen her ist
Mit seiner großen Bambus-Rute.

Chuo Wen-chun, chinesische Poetin, 179–117 v. Chr.

Was ich mit meinem Mann gemeinsam habe?
Wir haben am selben Tag geheiratet.

Anonym

Kann ich auch ein blaues Auge haben, Mama?
Warte, bis du alt genug zum Heiraten bist, Liebes.

Cartoon von 1876

Aber du bist verheiratet?
Ja, Mama, aber es war im Krieg, und er war sehr betrunken.

Evelyn Waugh, britische Autorin, 1903–1966

Ob ich noch einmal heiraten würde?
Nur wenn ich einen Mann finde, der 15 Millionen Dollar hat, mir die Hälfte davon vor der Hochzeit überschreibt und garantiert, innerhalb eines Jahres zu sterben.

Bette Davis, amerikanische Schauspielerin, 1908–1989

»Es ist sehr angenehm, mit einem Junggesellen zu speisen«, sagte Miss Matty sanft. »Ich hoffe nur, es ist nicht unschicklich; so viele angenehme Dinge sind es.«

Aus »Cranford« von Elizabeth Gaskell, englische Schriftstellerin, 1810–1865

Die Männer halten zwar um unsere Hand an, aber ich vermute, die Schlingel meinen etwas ganz anderes.

Helen Vita, Schauspielerin, geb. 1928

Die richtigen Männer sind entweder schon verheiratet, oder sie arbeiten zuviel.

Juliette Gréco, französische Chansonette, geb. 1927

Wenn ein Mädchen heiratet, dann tauscht sie die Aufmerksamkeiten vieler Männer gegen die Unaufmerksamkeiten eines einzigen ein.

Helen Rowland, amerikanische Schriftstellerin, 1875–1950

Er gehört zu der Sorte von Männern, die eine Frau heiraten muß, um sie loszuwerden.

Mae West, amerikanische Schauspielerin, 1892–1980

Es war so kalt, daß ich fast geheiratet hätte.

Shelley Winters, amerikanische Schauspielerin, geb. 1922

Das Problem bei einigen Frauen ist, daß sie um nichts aus dem Häuschen geraten – und ihn dann heiraten.

Cher, amerikanische Pop-Sängerin und Schauspielerin, geb. 1946

Eine Frau weiß nicht, welche Art Mann sie nicht will, bis sie ihn heiratet.

Anonym

Lieber öfter glücklich als einmal verheiratet.

Anonym

Eine überall anerkannte Wahrheit lautet, daß ein alleinstehender Mann, der im Besitz eines großen Vermögens ist, auf der Suche nach einer Frau ist.

Jane Austen, britische Autorin, 1775–1817

Wenn ein Mann allein lebt, ist er geneigt, sich mit dem Teufel einzulassen – wenn er nicht auf Gott vertraut. Er muß sich entscheiden, welche Begleitung er vorzieht, schätze ich.

Lucy Maud Montgomery, kanadische Autorin, 1874–1942

Mancher Mann wäre zum Liebhaber seiner Frau geworden – wenn er eine andere geheiratet hätte.

Elinor Glyn, englische Schriftstellerin, geb. 1934

Wenn du jemanden heiraten möchtest, gehe mit seiner Ex-Frau essen.

Shelley Winters, amerikanische Schauspielerin, geb. 1922

Ein Mann kann überhaupt nicht verstehen, daß eine Frau ein Heiratsangebot auch ausschlagen könnte.

Jane Austen, englische Autorin, 1775–1817

Einige von uns werden zu dem Mann, den wir heiraten wollten.

Gloria Steinem, amerikanische Autorin, geb. 1934

Wenn du deinen Sinn für Heiterkeit entdeckt hast, heirate keinen Grabstein.

Fanny Fern, amerikanische Humoristin, 1811–1872

Heiraten ist kein Pferdekauf.

Deutsches Sprichwort

Alle jungen Männer sind Weltverbesserer, bevor sie heiraten.

Doris Lessing, Schriftstellerin, geb. 1919

Den ersten Mann zu heiraten, den du im Büro oder sonstwo triffst, ist so langweilig. Du solltest einige durchprobieren, bevor du dich entscheidest.

Helen Gurley Brown, amerikanische Schriftstellerin und Verlegerin, geb. 1922

Männer haben die Ehe geschaffen, damit jeder Mann mit einem Sexual-Objekt ausgestattet ist.

Barbara Merhof und Sheila Cronan, amerikanische Feministinnen

Wer aus Liebe heiratet, hat unter Schmerzen zu leben.

Spanisches Sprichwort

Wer heiratet, kann die Sorgen teilen, die er vorher nicht hatte.

Graffiti

Nur wenige Männer würden bestreiten, daß sie aus anderen Gründen als Liebe und totaler Inkompetenz im Haushalt heiraten.

Barbara Ehrenreich und Deirdre English, zeitgenössische amerikanische Autorinnen

Heiraten ist eine Lotterie, bei der Männer ihre Freiheit und Frauen ihr Glück aufs Spiel setzen.

Virgine des Rieux, zeitgenössische französische Autorin

Es ist nicht die Angst, sich an eine Frau zu binden, woran ein Mann beim Heiraten denkt. Es ist die Angst, sich selbst von allen anderen Männern abzusondern.

Helen Rowland, amerikanische Autorin, 1875–1950

Die Heirat ist für den Mann der Einkauf von teuren Pantoffeln.

Leona Siebenschön, Schriftstellerin, geb. 1933

Vor der Heirat bleibt ein Mann die ganze Nacht wach, um über etwas nachzudenken, was du gesagt hast. Nach der Heirat schläft er ein, noch bevor du es zu Ende gesagt hast.

Helen Rowland, amerikanische Autorin, 1875–1950

Seitdem mich die Nonnen in der Klosterschule vor Männern gewarnt haben, die mir Brillantcolliers im Austausch für meine Tugend anbieten würden, warte ich vergeblich auf ein solches Angebot.

Anonym

Heiraten ist eine gute Art, Erfahrungen zu sammeln.

Ira von Fürstenberg, Filmschauspielerin, geb. 1940

Wenn die Mädchen darauf warten sollten, bis die jungen Männer zu einem Entschluß kommen, würde die Menschheit bald aussterben.

Brigitte Bardot, französische Filmschauspielerin, geb. 1938

Ein Heiratsantrag ist das größte Kompliment, das ein Mann einer Frau machen kann. Leider ist es meist auch das letzte.

Grete Weiser, deutsche Schauspielerin, 1903–1970

Jeder Mann muß, darüber sollte sich eine Frau klar sein, erst einmal zu einem Ehemann entwickelt werden. Was eine Frau heiratet, ist ein Junggeselle, der momentan das Junggesellendasein satt hat.

Helen Rowland, amerikanische Schriftstellerin, 1875–1950

Früher machte man eine einzige lange Hochzeitsreise mit dem Mann seines Lebens. Heute macht man mehrere kürzere mit verschiedenen Männern.

Golda Meir, israelische Staatspräsidentin, 1898–1978

Hin und wieder verlieren junge Frauen ihren besten Freund, indem sie ihn heiraten.

Françoise Sagan, französische Schriftstellerin, geb. 1935

Einen Geliebten zu heiraten, ist fatal: Geliebte sind keine Ehemänner. Wichtiger ist allerdings, daß auch Ehemänner keine Geliebten sind.

Carolyn Heilbrun, amerikanische Schriftstellerin, geb. 1926

Ich habe unter meinem Niveau geheiratet – alle Frauen tun es.

Anonym

Die Vorstellung, einen Geliebten und einen Ehemann in einer einzigen Person zu finden, hat mehr Frauen ins Unglück gestürzt als irgendeine andere Illusion.

Carolyn Heilbrun, amerikanische Schriftstellerin, geb. 1926

KAPITEL 12

EHE – MÄNNER & EHEFRAUEN

VON LUST UND FRUST

Es muß einer schon ein sehr guter Ehemann sein, daß er besser ist als gar keiner.

Isotta

Ehemänner sollen ihre Frauen nicht als Vasallen betrachten, sondern als die, mit denen zusammen sie die Gnade des Lebens erben.

Rachel Speght, englische Dichterin und Autorin, 1597

Ich sage, ich schlafe nicht mit verheirateten Männern. Doch eigentlich meine ich: Ich schlafe nicht mit glücklich verheirateten Männern.

Britt Ekland, schwedische Filmschauspielerin, geb. 1942

Wie nennt man einen Mann, der 95% seines Gehirns verloren hat?
Einen Witwer.

Anonym

Ehemänner sind wie Feuer: Sobald sie nicht beobachtet werden, gehen sie aus.

Zsa Zsa Gabor, ungarisch-amerikanische Filmschauspielerin, geb. 1919

Glück in der Ehe ist eine Sache des Zufalls.

Aus »Stolz und Vorurteile«

Wenn man einen Ehemann verliert, verliert man einen Meister, der oft das Hindernis zum Genuß vieler Dinge ist.

Madeleine de Scudéry, französische Novellenautorin und Dichterin, 1607–1701

Ich mag männliche Gesellschaft, aber sie muß ja nicht immer gleich in Ehe ausarten.

Jacqueline Bisset, englische Schauspielerin, geb. 1946

Man sollte niemanden heiraten, den man nicht vorher im Stau getestet hat.

M. Williams, zeitgenössische englische Psychologin

Mit manchen Männer versteht man sich vor und nach der Ehe ausgezeichnet – bloß dazwischen klappt es nicht.

Zsa Zsa Gabor, ungarisch-amerikanische Schauspielerin, geb. 1919

Ehemänner, die sich morgens nach dem Rasieren um mehrere Jahre jünger fühlen, sollten sich den Bart vor dem Zubettgehen abnehmen.

Solange Lesueur

Man muß unterscheiden zwischen Ehemännern und verheirateten Junggesellen.

Maureen Kelly

Ehemänner sind wie Eiskunstläufer: Die Kür liegt ihnen mehr als die Pflicht, und am liebsten haben sie das Kurzprogramm.

Pat Mellies

Mancher Ehemann sollte öfter in den Spiegel gucken, dann würde er erkennen, daß seine Frau ihn trotzdem geheiratet hat.

Linda Spear

Den idealen Ehemann erkennt man vor allem daran, daß er mit einer anderen Frau verheiratet ist.

Faye Dunaway, amerikanische Schauspielerin, geb. 1941

Eine Zeitung hat etwas Gutes: Man sieht den Kopf des Ehemannes beim Frühstück nicht.

Danielle Michaux

Alle Männer sind auf der Suche nach der idealen Frau – vor allem nach der Hochzeit.

Helen Rowland, amerikanische Schriftstellerin, 1875–1950

Viele Männer wären gerne verheiratet – nur nicht 24 Stunden täglich.

Ursula Herking, Schauspielerin, 1912–1974

Manche Frauen sind nur deshalb nicht Feuer und Flamme, weil sie mit einem Feuerlöscher verheiratet sind.

Senta Berger, Schauspielerin und Filmproduzentin, geb. 1941

Die Ehe ist eine Bühne, auf der alle Tage dasselbe Stück gespielt wird. Umso mehr sollten sich die Männer ab und zu eine Neuinszenierung einfallen lassen.

Suzanne Leduc

Ein Mann zu Hause ist genauso viel wert wie zwei auf der Straße.

Mae West, amerikanische Schauspielerin und Drehbuchautorin, 1892–1980

Frauen beschweren sich immer, daß ihre Männer nicht mit ihnen sprechen. Ich denke, sie sollten dankbar sein.

Margot Hielscher, deutsche Schauspielerin und Sängerin, geb. 1919

Die Ehe ist der Preis für die Hormone, die ich habe.

Anonym

Ein Mann, der seine Frau in aller Öffentlichkeit herunterputzt, versucht nur, sie auf sein Niveau herunterzuziehen.

Anonym

Nicht alle Frauen verwenden die meisten Gedanken darauf, Männern zu gefallen. Einige sind verheiratet.

Emma Lee, amerikanische Autorin

Männer sind die einzigen Lebewesen, die ihre Frauen schlagen.

Aeneas Gun

Wenn mein Mann zu spät zum Essen kommt, weiß ich, daß er entweder eine Affäre hat oder tot im Straßengraben liegt. Die zweite Möglichkeit ist mir lieber.

Judith Viorst, amerikanische Autorin, geb. 1931

Es wäre schwerer mit den Männern auszuhalten, würden sie öfter nach Hause kommen.

Anonym

Vor der Hochzeit erklärt dir dein Mann, daß er dir sein Leben zu Füßen legt. Nach der Hochzeit legt er nicht einmal mehr die Zeitung ab, um mit dir zu reden.

Helen Rowland, amerikanische Schriftstellerin, 1875–1950

Einen Mann zu heiraten ist wie etwas zu kaufen, das man lange im Schaufenster eines Ladens begehrt hat. Es kann sein, daß du es liebst, wenn du heimkommst, doch es paßt nicht immer zu allem anderen im Haus.

Jean Kerr, zeitgenössische englische Autorin

Der Grund dafür, daß Ehemänner und Ehefrauen einander nicht verstehen, ist der, daß sie zu verschiedenen Geschlechtern gehören.

Dorothy Dix, amerikanische Schriftstellerin, 1861–1951

Claudia erinnerte sich: Als sie ihr erstes Baby hatte, stellte sie mit Erstaunen fest, daß das perfekte Ehepaar aus einer Mutter und einem Kind bestand – nicht, wie sie immer gedacht hatte, aus Mann und Frau.

Alice Thomas Ellis, britische Schriftstellerin, geb. 1932

Der Junggeselle ist ein Pfau, der Verlobte ein Löwe und der Ehemann ein Esel.

Deutsches Sprichwort

Jedes Treffen von Frau und Mann – auch wenn sie schon seit Jahren verheiratet sind – sollte ein frisches Abenteuer sein; jeder Gewinn erfordert ein neues Werben.

Marie Stopes, britische Sozialarbeiterin, 1880–1958

Das »göttliche« Recht der Ehemänner sollte – wie das göttliche Recht der Könige – in diesem fortgeschrittenen Zeitalter, so ist es zu hoffen, ohne Gefahr bestritten werden können.

Mary Wollstonecraft, britische Schriftstellerin, 1759–1797

Meine Mutter sagte immer, daß es einfach sei, einen Mann für immer zu behalten: Du mußt eine Dienerin im Wohnzimmer sein, eine Köchin in der Küche und eine Hure im Schlafzimmer. Ich habe gesagt, ich stelle die ersten beiden an, und um den Teil im Schlafzimmer kümmere ich mich selber.

Jerry Hall, Model und Schauspielerin, Freundin von Mick Jagger, geb. 1956

Meine Mutter hat immer gesagt:« Der Mann ist der Kopf der Familie, die Frau der Hals, der den Kopf dreht.« Mein lieber, guter Papa kam aus dem Rotieren gar nicht heraus, aber er schien sich sehr wohl dabei zu fühlen.

Lotti Huber, deutsche Schauspielerin, geb. 1922

Ein Archäologe ist der beste Mann, den eine Frau haben kann; je älter sie wird, desto mehr interessiert er sich für sie.

Agatha Christie, englische Krimi-Autorin, 1890–1976

Die Ehe ist der einzige Krieg, in dem man mit dem Feind ins Bett geht.

Unbekannt

Die Ehe ist eine gute Institution, aber ich bin noch nicht reif für eine Institution.

Mae West, amerikanische Schauspielerin, 1893–1980

Die Männer haben den doppelten Profit, sie repräsentieren als gesellschaftlich anerkannte Patriarchen die Familie nach außen und können sich nach innen von der Gattinmutter wie die Babys verwöhnen lassen.

Margarete Mitscherlich, Psychoanalytikerin, geb. 1917

Man spricht überall von Partnerschaft unter Eheleuten. Ich kenne nur Geschäftspartner.

Loki Schmidt, Ehefrau von Helmut Schmidt, geb. 1919

Ich finde, es ist noch nichts Besseres erfunden worden als die Ehe.

Luise Ulrich, Schauspielerin, 1911–1985

Warum arbeitet eine Frau zehn Jahre daran, die Gewohnheiten eines Mannes zu ändern, um sich dann darüber zu beklagen, daß er nicht mehr der Mann ist, den sie geheiratet hat?

Barbra Streisand, amerikanische Sängerin und Schauspielerin, geb. 1942

Ein Ehemann mag vergessen, wo er seine Flitterwochen verbracht hat, aber nicht warum.

Beverly Nichols

Ein verliebter Mann ist ein unvollständiger Mann, bevor er nicht verheiratet ist. Dann ist er fertig.

Zsa Zsa Gabor, ungarisch-amerikanische Schauspielerin, geb. 1919

Die Ehe ist der tiefe, tiefe Frieden eines Doppelbettes – nach der Orgie auf der Chaiselongue.

Mrs. Patrick Campbell

Idealerweise brauchen Ehepaare drei Leben: eins für ihn, eins für sie und eins für beide zusammen.

Jacqueline Bisset, englische Schauspielerin, geb.1946

Ich kenne einige gute Ehen – Ehen, in denen beide nur versuchen, ihre Leben zu leben, indem sie einander helfen und gut zueinander sind.

Erica Jong, amerikanische Autorin und Feministin, geb. 1942

Ein Mann sollte jeden Tag den Bauchnabel seiner Frau küssen.

Nell Kimball, amerikanische Autorin, 1854–1934

Gehe nie sauer ins Bett. Bleib wach und streite dich.

Phyllis Diller, amerikanische Komödiantin, geb. 1917

Du bekommst Unterhalt – dafür gibst du ein ganzes Leben.

Lilian Gish, amerikanische Schauspielerin, geb. 1899

Männer heiraten Frauen, obwohl sie sich lieber getrennt hätten. Sie gründen Familien und bekommen Kinder, die sie gar nicht haben wollen. Und all das geschieht nicht etwa gegen ihren Willen, weil eine dominante Partnerin sie manipuliert und unterdrückt, sondern es »passiert« ihnen einfach.

Cheryl Benard, geb. 1953,

Edit Schlaffer, geb. 1950, österreichisches Autorinnenduo

Bigamie ist, einen Ehemann zuviel zu haben. Monogamie ist dasselbe.

Erica Jong, amerikanische Autorin und Feministin, geb.1942

Ein Mann, der versichert, daß er niemals einen Anflug von Begehren anderen Frauen gegenüber hat, niemals von anderen Frauen träumt und nur seine Frau begehrt – nach zwanzig Jahren Ehe –, ist meiner Meinung nach ein Schwindler.

Helen Gurley Brown, amerikanische Schriftstellerin und Verlegerin, geb. 1922

Männer, die ihren Frauen so schrecklich ergeben sind, laufen prinzipiell Gefahr, auch Frauen anderer Leute ergeben zu sein.

Jane Welsh Carlyle, schottische Autorin, 1801–1866

Ehemänner sind hauptsächlich dann gute Liebhaber, wenn sie ihre Frauen betrügen.

Marilyn Monroe, amerikanische Schauspielerin, 1926–1969

Willst du ein braves Weib, so sei ein rechter Mann!

Sophie in »Die Mitschuldigen« von Johann Wolfgang von Goethe, 1749–1832

Alle Ehemänner haben es nötig, zum heiligen Werdebesser zu gehen.

Altes französisches Sprichwort

Gemeinsame geistige Tätigkeit verbindet enger als das Band der Ehe.

Marie von Ebner-Eschenbach, deutsche Schriftstellerin, 1830–1916

Wenn Ehen besonders glücklich sind, liegt es meist ein bißchen mehr an der Frau als an dem Mann.

Ursula von Kardoff, deutsche Journalistin und Schriftstellerin, 1911–1988

Das wichtigste für eine Ehefrau ist ihr sorgfältiges Make-up, das Korsett und ihr Selbstbewußtsein. Mit diesen drei Dingen bekommt sie jeden Mann dahin, wo sie ihn haben will.

Jeanette Caulbert

In der Ehe kämpft der Mann zuerst um seine Vorherrschaft, dann um seine Gleichberechtigung und schließlich um seine Duldung.

Sprichwort

In der Ehe suchen die Frauen ihr Glück, die Männer ihre Ruhe.

Sprichwort

Der Mann ist das Haupt der Familie, und die Frau ist der Hut darauf.

Amerikanisches Sprichwort

Männer sind Mai, wenn sie freien, und Dezember in der Ehe.

Rosalinde in »Wie es Euch gefällt« von William Shakespeare, 1564–1616

Es ist lustig, daß es immer wir Frauen sind, die vom Beginn einer Ehe an diejenigen sind, die auf die Probe gestellt werden.

Euch Männern ist es erlaubt, genau so zu bleiben, wie ihr seid. Gut, ich nehme euch das nicht übel, weil ich Euch alle genau so mag.

Paula Modersohn-Becker, deutsche Malerin, 1876–1907

Von einem Liebhaber bleibt nur ein Ehemann übrig, nachdem ein bestimmter Nerv durchtrennt wurde.

Helen Rowland, amerikanische Autorin, 1875–1950

Der Treueschwur in der Ehe ist eine von der Gesellschaft auferlegte Absurdität.

George Sand, französische Schriftstellerin, 1804–1876

Ehemänner sind wie Weihnachtsgeschenke. Du kannst sie dir nicht aussuchen. Du mußt dich nur hinsetzen und warten, bis sie ankommen, und dann ungeheuer begeistert scheinen von dem, was du bekommen hast.

Helen Rowland, amerikanische Autorin, 1875–1950

Jeder Mann, der heiratet, hat seinen natürlichen Beschützer gefunden.

Hannah Whithall Smith, amerikanische Autorin, 1832–1911

Ich wünschte, mein Mann hätte einen größeren Einfluß auf mich. Es ist merkwürdig, daß ich ihn so schrecklich lieben soll und trotzdem seinen Einfluß so wenig spüre.

Sophia Tolstoi, Ehefrau von Leonid Tolstoi, Schriftstellerin, 1844–1919

Solange die Menschen nicht frei sind, frei von der Angst um ein Stück Brot, bleiben auch die wichtigsten menschlichen Beziehungen unfrei und abhängig. So war die Ehe auch nur ein Tauschhandel. Man tauschte Jugend, Schönheit, Tüchtigkeit gegen Ernährung und Kleidung, gegen Haushaltsgeld und Schmuck.

Lea Grundig, deutsche Schriftstellerin, 1906–1977

Die Ehe scheint nur den Charakter zu verderben – wie Politik und Personalreferat.

Liselotte Welskopf-Heinrich, deutsche Autorin, 1901–1979

Ist dem Weib ihr Gatte verhaßt
ist ihr das Leben selbst verhaßt.
Nein! Lieber tot!

Helena in einer Tragödie von Euripides, 480-406 v.Chr.

Der Ehestand heißt wohl deshalb der heilige, weil er so viel Martyrien enthält.

Aus den »Fliegenden Blättern«

Ich bin eine gute Haushälterin. Jedesmal, wenn ich mich von einem Mann trenne, behalte ich sein Haus.

Zsa Zsa Gabor, amerikanische Schauspielerin, geb. 1919

Ehen werden im Himmel geschlossen, aber daß sie gut geraten, darauf wird nicht gesehen.

Marie von Ebner-Eschenbach, Aphorismen, entstanden 1893

In einer guten Ehe ist die Treue keine Fessel.

Luise Rinser, Schriftstellerin, geb. 1911

Jeder Mann wünscht sich eine Frau, die an sein besseres Ich, an seine edlen Instinkte und an die höheren Werte appelliert – und eine andere, die ihm hilft, all das zu vergessen.

Helen Rowland, amerikanische Schriftstellerin, 1875–1950

Mein Mann und ich mögen dieselben Dinge, bloß hat er zwölf Jahre gebraucht, bis er das kapierte.

Graffiti

Die Ehe ist ein Glücksspiel:
Kopf – er gewinnt.
Zahl – du verlierst.

Graffiti

Männer sind wesentlich abhängiger von der Ehe. Nicht nur, daß sie sonst ihre Hemden selbst bügeln müßten, sondern weil sie neben der Ehe kaum Freundschaften haben, auf die sie sich in Krisenzeiten stützen können.

Gisela Erler, zeitgenössische Soziologin

Ehemänner sind Gewächse, die eingehen, wenn sie nicht ausgehen.

Ursula Herking, Schauspielerin, 1912–1974

Viele Männer heiraten, um eine bestimmte Frau zu vergessen. Dann laufen sie anderen Frauen nach, um die Frau zu vergessen, die sie geheiratet haben.

Lady Astor, Frau von John Jakob Astor, Herausgeber der »Times«

Der Trauschein ist eine wertlose Aktie.

Graffiti

Es ist schlimm, wenn zwei Eheleute einander langweilen. Viel schlimmer jedoch ist es, wenn nur einer von ihnen den anderen langweilt.

Marie von Ebner-Eschenbach, deutsche Schriftstellerin, 1830–1916

Die Ehefrau symbolisiert die kleine, spießige Welt – und der Mann flieht aus dieser Enge.

Isabella Rosselini, Schauspielerin und Model, geb. 1943

Der Mann ändert eher das Antlitz seiner Erde als seine Gewohnheiten.

Eleonora Duse, Schauspielerin, 1858–1924

Die Ehe funktioniert am besten, wenn beide Ehepartner ein bißchen unverheiratet bleiben.

Grete Weiser, deutsche Schauspielerin, 1903–1970

Eine Vernunftehe zu schließen, heißt in den meisten Fällen, alle seine Vernunft zusammenzunehmen, um die wahnsinnigste Handlung zu begehen, die ein Mensch begehen kann.

Marie von Ebner-Eschenbach, deutsche Schriftstellerin, 1830–1916

Das Problem der Ehe rührt daher, daß die Frau einen Zugvogel an das Haus gewöhnen soll.

Liselotte Pulver, deutsche Schauspielerin, geb. 1931

Viele Frauen heiraten, weil sie das Alleinsein leid sind. Und viele Frauen lassen sich scheiden, weil sie das Alleinsein leid sind.

Hanne Wieder, Schauspielerin, geb. 1929

Das Schlimme an der Ehe ist, daß man einen alltäglichen Mann geheiratet hat, obwohl man sich einen Allnächtlichen gewünscht hat.

Farah Fawcett, amerikanische Schauspielerin, geb. 1947

Das Rezept für Ruhe und Frieden in der Ehe ist einfach: Man darf sich nicht über Dinge aufregen, die nicht zu ändern sind.

Helen Vita, Schauspielerin, geb. 1928

Wenn Ehemänner sich ein Aquarium halten, dann deshalb, weil sie jemanden um sich haben möchten, der auch nichts zu sagen hat.

Gisela Schlüter, Komikerin und Kabarettistin, geb. 1927

Glück in der Ehe setzt viele kleine Aufmerksamkeiten und manchmal eine große Unaufmerksamkeit voraus.

Inge Meysel, deutsche Schauspielerin, geb. 1910

Viele Ehen sind nur noch die Aufzeichnungen einer Liebe, die live nicht mehr existiert.

Mary Waters, Schauspielerin

Wenn die Ehefrau einen Autounfall hatte, sprechen neunzig Prozent der Männer zuerst vom Automobil.

Helen Catchwood

Flirtende Ehemänner am Strand sind keine Gefahr, denn sie schaffen es nicht lange, den Bauch einzuziehen.

Heidi Kabel, Schauspielerin, geb. 1914

Manche Frau weint, weil sie den Mann ihrer Träume nicht bekommen hat, und manche weint, weil sie ihn bekommen hat.

Annette Kolb

Ein geglückter Ehekrach ist ein Donner, der den Blitzschlag verhindert.

Inge Meysel, deutsche Schauspielerin, geb. 1910

Ehemänner sind wie angepflockte Pferde: Sie grasen gerne an der äußersten Grenze ihrer Bewegungsfreiheit.

Dany Robin

Wenn Ehemänner Blumen mit nach Hause bringen, so tun sie es meist, um ein fremdes Parfüm zu verbergen.

Ingrid van Bergen, Kabarettistin und Chansonette, geb. 1931

Die Voraussetzung für eine gute Ehe ist, daß man dem anderen weder dreinredet noch dreinschweigt.

Elke Sommer, Schauspielerin, geb. 1940

Töpfe und Ehemänner sind zum Durchbrennen geschaffen.

Gisela Schlüter, Komikerin und Kabarettistin, geb. 1914

Ehemänner sind wie Sicherungen: Wird die Spannung im Hause zu groß, brennen sie durch.

Helen Vita, Schauspielerin, geb. 1928

Die Ehe – das beste aller Übel.

Daliah Lavi, Sängerin, geb. 1942

Die Ehe – die vom Staat sanktionierte Tyrannei.

Alma Mahler-Werfel, deutsche Schriftstellerin und Komponistin, 1879–1964

Die Ehe wäre die schönste Sache der Welt, wenn es mehr Kür und weniger Pflicht gäbe.

Jeanne Moreau, französische Schauspielerin, geb. 1928

Die erste Aufgabe einer jungen Ehefrau besteht darin, die Freunde des Mannes in die Flucht zu kochen.

Micheline Presle, Schauspielerin, geb. 1922

Die meisten Ehefrauen besuchen ihren Mann gerne im Krankenhaus, weil sie dann wenigstens wissen, wo er ist.

Helen Vita, Schauspielerin, geb. 1928

Der ideale Ehemann ist ein unbestätigtes Gerücht.

Brigitte Bardot, französische Filmschauspielerin, geb. 1934

Der ideale Ehemann raucht nicht und trinkt nicht, er kocht, wäscht das Geschirr, bohnert den Fußboden und ist obendrein Junggeselle.

Margaret Biddle

Ein leidenschaftlicher Fernseh-Fan ist ein Mann, der seiner Frau fehlt, wenn er nicht da ist, der ihr aber noch mehr fehlt, wenn er da ist.

Helen Vita, Schauspielerin, geb. 1928

Das Ziel jeder Frau ist, den Mann zu dem zu machen, was er vor der Hochzeit zu sein behauptet hatte.

Micheline Presle, Schauspielerin, geb. 1922

Viele, von denen man glaubt, sie seien gestorben, sind nur verheiratet.

Françoise Sagan, französische Autorin, geb. 1935

Narren verhalten sich zu Ehemännern wie Sardellen zu Heringen: Der Ehemann ist der größte von beiden.

Aus »Was ihr wollt« von William Shakespeare, 1546–1616

Eine Freundin von mir setzte eine Anzeige in die Zeitung, in der sie einen Ehemann suchte. Sie bekam lauter Zuschriften von Frauen, die sagten: »Sie können meinen haben.«

Anonym

KAPITEL 13

HAUS-MÄNNER & VÄTER

DER MANN IN HAUS UND FAMILIE

Ein Mann .... ist **so** im Weg im Haushalt!

Elizabeth Gaskell, britische Schriftstellerin, 1810–1850

Es gibt heutzutage keine Arbeit mehr im Haushalt, die »ausschließlich für Ehefrauen« reserviert wäre, auch Wäschewaschen und Bettmachen, normalerweise als Frauensache beurteilt, werden immer öfter von Ehemännern als Dinge genannt, die auch sie machen.

»Die gleichberechtigte Familie«, 1975

Mein Fitness-Rezept: Ich lasse meinen Mann kochen.

Uta Ranke-Heinemann, katholische Theologin, geb. 1927

Es ist meistens leichter mit einem Mann auszukommen als mit seinem Geld.

Ingrid van Bergen, Kabarettistin und Chansonette, geb. 1931

Männer können Waffen bauen, um die Welt zu zerstören, aber sie können nicht einmal ihre eigenen Hemden bügeln.

Petra Kelly, ehemalige Bundestagsabgeordnete »Die Grünen«, 1947–1992

Wo ein Mann seine Wäsche auszieht, da bleibt sie liegen. Tage, Wochen!

Svende Merian, deutsche Autorin, geb. 1955

Männer sehen den Zustand eines Klos jedesmal, wenn sie pinkeln. Fragt sich bloß, warum sie dann nie saubermachen.

Fleur Fenster

Wenn du mit einem Mann zusammenlebst, verbringst du den ganzen Tag damit, die Klobrille herunterzuklappen.

Kathy Lette

Früher machte er mir den Hof, heute mache ich ihm das Bett.

Graffiti

Wir Frauen sollten wichtige Dinge zuerst betrachten. Warum sollten wir Probleme damit haben, daß Männer nach dem Geld schauen, solange wir die Hand darauf haben?

Ivy Baker Priest, amerikanische Politikerin und Schriftstellerin, 1905–1953

Männer bauen Häuser, Frauen bauen ein Heim.

Sprichwort

Zu dem alten Sprichwort, daß Männer das Haus bauen und Frauen daraus ein »Heim« machen, sollte der moderne Nachtrag hinzugefügt werden, daß die Frauen das Kochen als unangenehme Hausarbeit akzeptiert, Männer aber daraus ein Freizeitvergnügen gemacht haben.

Emily Post, amerikanische Schriftstellerin, 1873–1960

Ich habe immer schon gesagt, daß der Mann der Boss im Haus ist, der unterhalten und gut behandelt werden sollte.

Jerry Hall, Model und Schauspielerin, Freundin von Mick Jagger, geb. 1956

Ich bevorzuge das Wort »Heimmacherin«, weil »Hausfrau« impliziert, daß es irgendwo noch eine andere Frau außerhalb des Hauses gibt.

Bella Abzug, amerikanisches Kongreßmitglied, geb. 1920

Müssen Frauen alles tun – arbeiten und Kinder haben?

Candice Bergen, amerikanische Schauspielerin, geb. 1946

Das beste Aphrodisiakum für eine Frau in den Dreißigern ist ein Mann, der nach dem Essen das Geschirr abwäscht.

Hermine Ohlen, zeitgenössische Journalistin

Die fortschrittlichen Männer, die angeblich linken, fand ich schon immer am schlimmsten. Sich mit den Opfern in der

Dritten Welt solidarisieren, okay. Aber in den eigenen vier Wänden seine Machtprivilegien abgeben – haha.

Alice Schwarzer, Journalistin, geb. 1943

Mein Mann und ich haben ein wirklich gutes System für die Hausarbeit entdeckt: Keiner von uns macht sie.

Dottie Archibald, zeitgenössische Schriftstellerin

Heiraten ist leicht, haushalten schwer.

Deutsches Sprichwort

Wenn die Liebe aller Männer zu ihren Frauen und Kindern dahin führen würde, daß sie sich selbst als Väter und Liebhaber betrachteten, würde jegliche Kriegspropaganda auf taube Ohren stoßen.

Naomi Wolf, feministische Journalistin, geb. 1962

Ein Junggeselle ist ein unverheirateter Mann, der meist von Frauen abhängig ist (Mutter, Dienerin, Putzfrau usw.), die ihm mit Kochen, Putzen und bei der Wäsche helfen. Er ist in diesem Sinne – von der Bedeutung und überhaupt – gar nicht mit einer alten Jungfer zu vergleichen.

Cheris Kramarae, amerikanische Sprachwissenschaftlerin und Feministin, geb. 1937

Paula A. Treichler, amerikanische Gelehrte und Feministin, geb. 1943

Ein Mann liebt es, nach Hause zu kommen und seine Mutter oder seine Frau beim Sockenstopfen vorzufinden. Er glaubt gerne, daß sie es mit Freude tut.

Nellie McClung, kanadische Suffragette, 1873–1951

Ein Mann verlangt nicht, daß seine Frau ihn versteht. Das ist nicht ihre Aufgabe. Ihre Aufgabe ist es, daß sie ein nettes Haus und nette Kinder hat und gelungene Parties gibt, zu denen er seine Freunde einladen kann.

Mary McCarthy, amerikanische Schriftstellerin, geb. 1912

Der Mann ist der Herr des Hauses. Im Hause soll aber nur die Frau herrschen.

Marie von Ebner-Eschenbach, deutsche Schriftstellerin, 1830–1916

Das männliche Wesen hat eine starke Ader gegen alles, was mit dem Haushalt zu tun hat, entwickelt.

Germaine Greer, australische Autorin, geb. 1939

Verantwortung ist der Preis, den jeder Mann für seine Freiheit bezahlen muß.

Edith Hamilton, amerikanische Gelehrte, 1867–1963

Der durchschnittliche Mann erwartet von zu Hause nur wenig: Wärme, Essen, saubere Hemden, nicht zu viele Fragen und Sex, wenn's nötig ist.

Irma Kurtz, englische Journalistin, geb. 1938

Die Arbeit im Haushalt ist die härteste Arbeit, die es gibt. Darum wollen Männer sie auf keinen Fall tun.

Edna Ferber, amerikanische Autorin, 1887–1968

Das Kind hat seinen Verstand meistens vom Vater, weil die Mutter ihren noch besitzt.

Adele Sandrock, deutsche Schauspielerin, 1863–1937

Wenn die Männer Kinder zur Welt bringen müßten, wäre die Menschheit schon ausgestorben. Frauen sind mutiger als Männer.

Thérèse Lafarque

Männer haben praktisch keinen Einfluß auf ihre eigene Fortpflanzung. Es gibt für sie weder Pille noch Schwangerschaftsabbruch. Sie können nur die Kinder bekommen, die ihre Frauen wollen.

Esther Vilar, Autorin und Feministin, geb. 1935

Ich möchte, daß das Kind ein Mensch wird, ein guter und anständiger Mann, der den Unterschied zwischen Wahrheit und Lüge kennt, der sich der Freiheit, der Würde und der wirklichen Gründe bewußt ist, sich nicht den opportunistischen Ansichten – von der Politik diktiert – beugt, die sich von Schwarz nach Weiß verändern, wenn es nützlich für den Moment ist. Ich möchte, daß der Junge ein anständiger Mensch wird – ein Mann und kein Nazi!

Erika Mann, Tochter Thomas Manns, deutsche Schriftstellerin und Schauspielerin, 1905–1969

Wenn Männer Kinder kriegen würden, dann hätte jeder nur eins.

Diana, Prinzessin von Wales, geb. 1961

Wenn Männer Kinder bekämen, wäre die Abtreibung längst ein Sakrament.

Lore Lorentz, Schauspielerin, 1920–1994

Es kann vorkommen, daß sich der Vater um das neu entstandene Leben kümmert, ein bei den Fischen häufiges Phänomen.

Simone de Beauvoir, französische Schriftstellerin, 1908–1986

Wenn Männer von Verteidigung sprechen, behaupten sie immer, Frauen und Kinder zu beschützen, aber sie fragen die Frauen und Kinder nie, was sie davon halten.

Pat Schroeder, amerikanische Kongreßabgeordnete, geb. 1940

Ich weiß, daß du dir eigentlich einen Jungen wünscht, aber Jungen sind so eine Plage, viel schwieriger zu hüten. Es ist keine schlechte Sache, nur Mädchen zu haben.

Englische Frauen-Theater-Gruppe

Nur wenn ein Mann noch ein Baby ist, schaffen die Frauen es, ihn zu verändern.

Natalie Wood, amerikanische Schauspielerin, 1938–1982

Ein Mann ist entbehrlich – ein Kind nicht.

Juliette Gréco, französische Chansonette, geb. 1927

Alle Männer wären Tyrannen, würde man sie lassen.

Abigail Adams, Frau des amerikanischen Präsidenten, 1744–1818

Männer in der Familie sind besser als ihr Ruf. Doch bleiben sie noch immer hinter den Erwartungen zurück.

Ursula Lehr, Politikerin, geb. 1930

Männer bewundern Frauen, weil Frauen Kinder gebären und diese magische Verbindung mit der Unsterblichkeit zu haben scheinen, die Männern fehlt. Aber sie sollten mal einen Tag alleine mit einem Kind zu Hause bleiben, dann würden sie ihre Meinung ändern.

Tuesday Weld, amerikanische Filmschauspielerin, geb. 1933

Der Hohn, den Männer für andere Männer übrig haben, die im Haushalt arbeiten, übertrifft nur die Abneigung Frauen gegenüber, die nichts im Haushalt tun.

Penney Kome, zeitgenössische kanadische Journalistin

Wenn ein Mann kocht, wird das Kochen als eine wichtige Aktivität betrachtet. Wenn Frauen kochen, ist es einfach nur Hausarbeit.

Margaret Mead, amerikanische Anthropologin, 1901–1978

Es gibt keinen Mann, der den überlegenen Verstand seiner Frau erträgt, wenn sie in seinem Hause lebt.

Madame de Staël, französische Autorin, 1766–1817

Hausarbeit ist Menschenarbeit, nicht Frauenarbeit.

Alice Schwarzer, Journalistin und Feministin, geb. 1943

Des Mannes Verlust fällt schwer im Hause, doch ein Weib wird leicht entbehrt.

Iphigenie in »Iphigenie auf Tauris« von Johann Wolfgang von Goethe, uraufgeführt 1787

Viele Männer glauben, daß »Ist das Essen fertig?« zu rufen das gleiche bedeutet wie »Ich liebe Dich«.

Phyllis Schlaffly, amerikanische Feministin, geb. 1924

KAPITEL 14
MÄNNER & DIE EMANZIPATION

DER EMANZIPIERTE MANN

Es ist der verweichlichte Mann – wenn es nicht der mit Vorurteilen behaftetete oder eifersüchtige Mann ist -, der Frauen nicht mag und Angst vor der Emanzipation hat.

Elisabeth Chesser in »Frauen, Heirat und Mutterschaft«, 1913

Gleichheit, Kind, existiert genauso wie die Freiheit nur dort, wo du jetzt bist. Nur als Ei im Mutterleib sind wir alle gleich.

Oriana Fellaci in »Brief an ein ungeborenes Kind«, italienische Schriftstellerin, geb. 1930

Ein Mann würde niemals auf die Idee kommen, ein Buch über die besondere Situation des Menschen als Mann zu schreiben.

Simone de Beauvoir, französische Autorin und Feministin, 1908–1986

Männer haben einerseits Angst davor, aber sehnen sich andererseits auch danach zu sehen, was passiert, wenn Frauen wirklich sagen können, was sie wollen.

Dorothy Dinnerstein, zeitgenössische Wissenschaftlerin und Autorin

Die Idee, daß Frauen Macht haben könnten, nervt Männer ungeheuer.

Regina Barreca, zeitgenössische amerikanische Humoristin

Männern ihre Rechte und nichts mehr; Frauen ihre Rechte und nichts weniger.

Susan B. Anthony, amerikanische Verlegerin, 1820–1906

Aber wir sind alle Kreaturen einer Art, nicht wahr?
Alle, Männer wie Frauen, sind elend.

Alice Neel, amerikanische Malerin, geb. 1908

Die Emanzipation sollte damit beginnen, daß die Männer endlich den Mund halten und uns nicht immer ins Wort fallen, wenn wir sagen, was wir denken.

Michèle Perrein, französische Schriftstellerin, geb. 1929

Die Gleichberechtigung ist eine gefährliche Sache. Vielleicht fällt es den Männern jetzt ein, alle drei Tage zum Friseur zu gehen, jeden Monat einen neuen Anzug haben zu wollen und sofort eine Szene zu machen, wenn sie etwas nicht bekommen.

Cynthia Wells, amerikanische Schauspielerin, geb. 1924

Unter Gleichberechtigung verstehen manche Männer, daß sie eine Freundin haben, weil ihre Frau auch eine Freundin hat.

Lisa Goccioni

Männer finden nur das emanzipiert, was ihnen nicht wirklich gefährlich werden kann.

Svende Merian, deutsche Autorin, geb. 1955

Gute Jungs sind die, die ein echt sportives Verhältnis zum kämpferischen Feminismus haben, ohne hysterische Abgrenzungsängste.

Alice Schwarzer, deutsche Journalistin und Feministin, geb. 1943

Wenn ein Mann glaubt, eine Frau besiegt zu haben, hat er meist schon verloren.

Anonym

Frauen, die Männern gleich werden wollen, fehlt jeder Ehrgeiz.

Graffiti

Wenn sich eine Frau schon wie ein Mann benehmen muß, warum benimmt sie sich nicht wie ein netter Mann?

Edith Evans, britische Schauspielerin, 1888–1976

Ihr Männer könnt der Wahrheit nicht ins Gesicht sehen, sobald sie eure Interessen und euer Vergnügen lächerlich macht.

Françoise Parturier, französische Journalistin, geb. 1919

Ich wünsche für die Frauen keine Macht über Männer, aber die Macht über sich selbst.

Mary Wollstonecraft, englische Autorin, 1759–1797

Die Befreiung der Frau ist großer Unsinn. Der Mann ist diskriminiert. Schließlich kann er keine Kinder bekommen. Aber bestimmt wird niemand etwas dagegen unternehmen.

Golda Meir, israelische Politikerin, 1898–1978

Die Männer wissen, daß ich nie mit ihnen ins Bett gehen werde. Darum greifen sie mich an.

Elizabeth Teissier, Sterndeuterin, geb. 1938

Die Männer sind ein Hindernis auf dem Weg zur Gleichheit, Entwicklung und Frieden. Die Männer sind es, die erzogen werden müssen.

Leticia Ramos Shahani, philippinische Diplomatin, geb. 1929

Das ist das Problem der nichtemanzipierten Männer – die Angst vor der starken Frau.

Anonym

Der neue Mann hört dir so genau zu, daß er den Satz für dich beenden kann.

Donna Allen

Eine Sache der Gleichberechtigung ist nicht nur, daß du genauso behandelt wirst wie ein Mann, sondern daß du dich auch selbst so behandelst, wie du einen Mann behandeln würdest.

Marlo Thomas, amerikanische Schauspielerin, geb. 1943

Immer wenn wir eine Frau befreien, befreien wir einen Mann.

Margaret Mead, amerikanische Anthropologin, 1901–1978

Es scheint mir höchst unwahrscheinlich, daß Frauen ihr Potential ausleben werden, ohne sich Männern zu entfremden – zumindest von einigen.

Elizabeth Janeway, amerikanische Autorin, geb. 1913

Es gibt nur ein Geschlecht.... Ein Mann und eine Frau sind so komplett dieselbe Sache, daß man kaum die subtilen Gründe für die Geschlechtertrennung verstehen kann, mit denen unsere Köpfe gefüllt sind.

George Sand, französische Autorin, 1804–1876

Wir werden nicht länger von einer Hälfte der Bevölkerung regiert werden, dessen Sozialisation durch Spielzeug, Spiele, Werte und Erwartungen Gewalt als die letzte Behauptung der Menschheit, das Synonym für Nationalität, billigt.

Wilma Scott Heide, amerikanische Autorin, geb. 1929

Ich bin wirklich sauer auf die Frauenbewegung. Unentwegt steigen sie aufs Podest und verkünden, daß Frauen klüger seien als Männer. Das ist wahr, doch das sollte man für sich behalten – sonst wird die Waffe stumpf.

Anita Loos, amerikanische Autorin, 1893–1981

Glaubst du, es gefällt einem Mann, wenn er einer Frau in die Augen sieht und eine Reflektion des Lesesaales des Britischen Museums sieht?

Muriel Spark, amerikanische Autorin, geb. 1918

Frauen waren immer die Hüter von Weisheit und Menschlichkeit allerdings im Verbrogenen, was sie natürlicherweise zu den Herrscherinnen macht, aber gemeinsam mit den Männern – nicht gegen sie.

Charlotte Wolff, deutsch-englische Autorin, 1904–1986

Männer haben schon etwas zu verlieren, und wir haben schon was zu gewinnen. Es hat seinen Grund, daß es eine

Frauenbewegung gibt und keine Männerbewegung.

Alice Schwarzer, Journalistin, geb.1943

Männer haben nicht gelernt, mit dem Neid und der Angst gegenüber emotional und finanziell unbhängigen Frauen umzugehen. Sie sehen meist nicht die darin beinhaltete Befreiung aus eigenen Rollenzwängen, Ernährer und Beschützer sein zu müssen.

Brigitta Gold, Management-Beraterin

Starke Frauen brauchen starke Männer. Doch zunächst müssen die Frauen aus ihrem Dornröschenschlaf erwachen. Sie dürfen keine Angst vor Verantwortung haben.

Lisa Fitz, deutsche Kabarettistin, geb. 1952

Insgeheim wissen alle klugen Frauen, daß echte Gleichberechtigung mit dem Mann ein Zustand wäre, bei dem sie mehr verlieren als gewinnen würden.

Anna Magnani, italienische Schauspielerin, 1908–1973

Ein Mann kommt mir nicht in meine Wohnung!

Adele Sandrock, deutsche Schauspielerin, 1863–1937

Wißt ihr nicht, ihr Narren, daß ein Mann eine zynische Frau genauso fürchtet wie ein kleiner Junge seine Erziehung?

Helen Rowland, amerikanische Schriftstellerin, 1875–1950

Männer werden sich *nicht* ändern, *bis sie wirklich müssen*!

Dora Russel, englische Feministin, zweite Frau von Bertrand Russel, 1894–1986

Als die moderne Frau den Orgasmus (im Zusammenhang mit moderner Geburtenkontrolle) entdeckte, war das wahrscheinlich der größte Nagel im Sarg der männlichen Dominanz.

Eva Figes, englische Autorin, geb. 1939

Solange die Männer am Ruder sind, werden sie uns ihr Gesetz und ihren Lebensrhythmus aufzwingen und die Frauen, die sich nicht zufriedengeben, als hysterisch oder frigide abtun, oder wie ihre Kästchenbegriffe alle heißen mögen.

Xanthippe im »Gastmahl der Xanthippe« von Delphica

Dies ist doch schon lange keine »man's world« mehr. »Besser, größer, schneller, mehr« ist nämlich schon lange tot, und jeder weiß es. So ein super-männliches Weltmodell von gefühlstoten Experten und zynischen Professionals war ein Irrtum. Sie geben es bloß nicht zu.

«Die Braut haut ins Auge», Hamburger Frauenband

Die Männer sind die Gleichberechtigung der Frau gar nicht wert.

Xanthippe im »Gastmahl der Xanthippe« von Delphica

Man muß das Selbstbewußtsein der Männer stärken, denn selbstbewußte Männer haben keine Angst vor emanzipierten Frauen.

Julia Dingwort-Nussek, Managerin, geb. 1921

Heute können einem die Männer beinahe leid tun. Aber vergessen wir nicht – sie haben es einige tausend Jahre sehr schön gehabt.

Ena Chamberlain, Schriftstellerin

Anstelle der absurden Teilung in Geschlechter sollte man die Leute lieber in dynamisch und lethargisch unterteilen.

Evelyn Waugh, britische Autorin, 1903–1966

Es gibt größere Unterschiede innerhalb der Geschlechter als zwischen ihnen.

Ivy Compton-Burnett, amerikanische Schauspielerin, geb. 1936

Welcher Mann würde die gänzlich freie Frau akzeptieren? Ich bin sicher, die Antwort ist: Ein Mann, der vollständig von sich überzeugt ist und die Frau nicht als Bedrohung für sich selber ansieht.

Anonym, aus einem Frauenmagazin

Auch die Männer, die wirklich an die Gleichheit der Frau glauben, empfinden sie als sehr störend. Niemand verliert gerne alte Vorrechte und Bequemlichkeiten.

Joyce Brothers, amerikanische Journalistin, geb. 1929

Das wirkliche Problem ist nicht, daß Männer kleine Jungen sind, sondern daß sie die Frauen nicht besonders mögen und sie nicht mit ihren Belangen, ihrer Sexualität und ihrer Gleichheit umgehen können.

Nora Ephron, amerikanische Regisseurin, geb. 1941

Nichts zerstört männliche Blütenblätter mehr als ein bißchen feministischer Regen – ein paar Tropfen werden wie ein Platzregen empfunden.

Susan Faludi, zeitgenössische amerikanische Autorin

Männer zahlen einen hohen Preis für ihre Abneigung, die Selbsthilfe und Unabhängigkeit bei Frauen zu unterstützen.

George Eliot, englische Schriftstellerin, 1819–1880

Ich beginne, auch die andere Seite der Frage zu betrachten. Nicht nur, die Frauen bestehen auf ihren Rechten; auch Männer möchten ihre nach all den Jahren nutzen. Ich habe festgestellt, daß auch ein Mann das Recht hat, sich hinzusetzen, genauso wie ich. Er sollte sein Geld nicht für eine Frau ausgeben, wenn sie nichts ausgibt. Er sollte zum Familieneinkommen nicht mehr beitragen als sie. Aber genausowenig sollte sie die Kinder mehr aufziehen als er.

Martha Lavell, amerikanische Verlegerin, geb. 1909

Ein bißchen Männerhaß steht jeder Frau.

Vortragstitel von Ursula Müller, zeitgenössische Mathematikerin und Soziologin

Emanzipation ist die Kunst, den Mann kleinzukriegen, aber nicht an der falschen Stelle.

Evelyn Blythe

Ich bin gegen Emanzipation. Durch Emanzipation verliert die Frau ihre Weiblichkeit. Was kann einer Frau Schlimmeres passieren?

Sophia Loren, italienische Schauspielerin, geb. 1934

Ich habe nichts dagegen, daß unsere Welt eine Männerwelt ist, solange ich die Frau darin bin.

Marilyn Monroe, Filmschauspielerin, 1926–1962

Die sogenannte Emanzipation ist bloß Augenwischerei. Nehmen Sie die Mode: Erlaubt ist den Frauen doch nur das, was den Männern gefällt.

Linda Buckley

Die volle Gleichberechtigung der Frau wäre ein massiver Rückschritt.

Anita Ekberg, Schauspielerin, Fotomodell und Entertainerin, geb. 1931

KAPITEL 15

MÄNNER & IHR SELBSTVERSTÄNDNIS

ALLES IST EITEL!

Krieg ist der ultimative Egotrip des Mannes.

Barbara G.Walker, amerikanische feministische Schriftstellerin, geb. 1930

Wenn ein Mann sich für unwiderstehlich hält, liegt es oft daran, daß er nur dort verkehrt, wo kein Widerstand zu erwarten ist.

Françoise Sagan, französische Schriftstellerin, geb. 1935

Niemand ist den Frauen gegenüber aggressiver und herablassender als ein Mann, der seiner Männlichkeit nicht ganz sicher ist.

Simone de Beauvoir, französische Schriftstellerin, 1908–1986

Je größer der Wagen, deso kleiner wirkt der Mann, der darin sitzt.

Anonym

Wie kann es sein, daß diese Welt immer nur den Männern gehört hat?

Simone de Beauvoir, französische Schriftstellerin, 1908–1986

Was mich am meisten an den Männern stört, ist, daß sie nicht ohne männliche Anerkennung leben können.

Rita Mae Brown, amerikanische Autorin, geb. 1944

Das, was Männer dazu bringt, wie ein Lord umherzustolzieren und so gebieterisch zu sprechen, ist die Sicherheit, die Liebe einer Frau zu besitzen.

Alma Routsong, amerikanische Feministin, geb. 1924

Ein Mann am Steuer ist ein Pfau, der sein Rad in der Hand hält.

Anna Magnani, italienische Schauspielerin, 1908–1973

Er benahm sich wie ein Hahn, der glaubte, die Sonne sei nur aufgegangen, um ihn krähen zu hören.

George Eliot, britische Autorin, 1819–1880

Ein Merkmal großer Männer ist, daß sie an andere weit größere Anforderungen stellen als an sich selbst.

Marie von Ebner-Eschenbach, deutsche Schriftstellerin, 1830–1916

Selten ist ein Mann so gut gelaunt wie dann, wenn er von sich selbst erzählt.

Marlene Dietrich, deutscher Filmstar, 1904–1993

Wo wäre die Macht der Frauen, wenn die Eitelkeit der Männer nicht wäre?

Marie von Ebner-Eschenbach, deutsche Schriftstellerin, 1830–1916

Die Männer halten sich für das starke Geschlecht, weil die Frauen aus ästhetischen Gründen darauf verzichtet haben, Muskeln zu entwickeln.

Françoise Sagan, französische Autorin, geb. 1935

Ein Mann, der sich im Gespräche mit seiner Frau widerlegt fühlt, fängt sogleich an, sie zu überschreien: Er will und kann beweisen, daß ihm immer, auch wenn er falsch singt, die erste Stimme gebührt.

Marie von Ebner-Eschenbach, deutsche Schriftstellerin, 1830–1916

Ein Mann fühlt sich erst dann von einer Frau verstanden, wenn sie ihn bewundert.

Anna Magnani, italienische Schauspielerin, 1908–1973

Eine eitle Frau braucht einen Spiegel. Ein eitler Mann ist sein eigener Spiegel.

Françoise Sagan, französische Autorin, geb. 1935

Sprich mit einem Mann über ihn selbst, und er wird dir stundenlang zuhören.

Anonym

Eine kluge Frau lernt beizeiten, ihren Mann zu bewundern, auch ohne Grund.

Margot Hielscher, deutsche Schauspielerin und Sängerin, geb. 1919

Es war falsch von mir zu glauben, ein Mann könne verbergen, was seiner Eitelkeit schmeichelt.

Marie de La Fayette, französische Novellistin, 1634–1693

Warum kann ein Mann sich nicht wie sich selbst benehmen, er selbst sein und selbst denken? Für mich scheint es, daß allein Natürlichkeit Macht ist; daß ein geliehenes Wort schmählicher ist als unsere eigene Schwächlichkeit, wie unbedeutend wir auch sein mögen.

Maria Mitchell, amerikanische Astronomin, 1808–1889

Wenn ein Mann seine Weiblichkeit nicht entwickeln darf, weil die Eltern oder die Gesellschaft es nicht zulassen, dann wird er schrecklich. Dann muß er es durch Power und Macht kompensieren, dann wird er zum Vierkantschlüssel.

Marianne Sägebrecht, deutsche Schauspielerin, geb. 1945

Männer sind zwar oft so jung, wie sie sich fühlen, doch niemals so bedeutend.

Simone de Beauvoir, französische Schriftstellerin, 1908–1986

Wenn Männer in ein bestimmtes Alter kommen, haben sie Angst, erwachsen zu werden. Je älter Männer werden, umso jünger werden ihre neuen Frauen.

Elizabeth Taylor, amerikanische Schauspielerin, geb. 1932

Männer kommen zu ihren Meinungen wie Jungen lesen lernen – durch genaues Wiederholen.

Elizabeth Barret Browning, amerikanische Poetin, 1806–1861

Zwei Engel entscheiden, wie Menschen sich vermehren sollen: »Wenn die Frauen die Kinder bekommen, werden sich die Männer unterlegen fühlen – wir geben ihnen ein enormes Selbstbewußtsein, um das auszugleichen.«

Regina Barreca, zeitgenössische amerikanische Komödiantin

Männer wissen alles – jeder von ihnen, zu jeder Zeit, egal wie dumm oder unerfahren oder arrogant oder ignorant er ist.

Andrea Dworkin, amerikanische Journalistin, geb. 1946

Männer sind unfähig zuzugeben, daß sie unrecht hatten – wie unbedeutend der Anlaß auch gewesen sein mag.

Sonya Friedman, amerikanische Feministin, geb. 1921

Männer sind so lasch. Niemand schlägt die Tür zu.
Sie quälen die Frau so lange, bis sie sagt, ich will nicht mehr.

Marika Lichter, zeitgenössische Künstlerin aus Wien

Männer betrachten sich gern als autonom. Unabhängigkeit ist für sie eine Tugend; Distanz ist ihnen wichtig; sie wollen unbedingt sie selbst bleiben, keine Grenzen verwischen, nicht zuviel Nähe aufkommen lassen.

Cheryl Benard, geb. 1953,
Edit Schlaffer, geb. 1950, österreichisches Autorinnenduo

Es hat sowohl mit dem männlichen Ego als auch mit seinem Samen zu tun, daß die Menschheit fortfährt, sich fortzupflanzen.

Irma Kurtz, englische Journalistin, geb. 1935

Nachdem John mich im Schach geschlagen hatte, hielt er es für notwendig, mir etwas beizubringen. Wenn er ganz klar gewinnt, bemerkt er: »Ein gutes Spiel. Du machst Fortschritte.« Wenn er verliert, ruft er aus: »O Gott, ich bin ein kompletter Idiot.
Ich muß meinen Kopf verloren haben.« Das scheint mir typisch männlich.

Katherine Mansfield, englische Schriftstellerin, 1888–1923

Frauen sind die wahren Sportsfreunde. Sie müssen nicht ständig ein zerbrechliches Ego durch große öffentliche Auftritte aufpolieren. Männer prahlen mit unverhältnismäßig großen Trinkgeldern, mit einem Gespräch auf französisch mit dem ungarischen Kellner und damit, den Wein zum Kühlen zurückzuschicken.

Phyllis McGinley, amerikanische Dichterin, 1905–1978

Ein Mann nimmt Hingabe als gegeben an. Er betrachtet es als unumstrittenes Recht, nur aus dem einfachen Grunde, daß er aus dem Körper seiner Mutter stammt.

George Sand, französische Autorin, 1804–1876

Der Mann ist seelisch passiv. Er haßt diese Passivität, überträgt sie deshalb auf Frauen, stellt das Männliche als aktiv dar und versucht dann zu beweisen, daß er es wirklich ist. Da er versucht, einen Irrtum zu beweisen, muß er sich immer wieder »beweisen«

Valerie Solanas, amerikanische Schauspielerin und Feministin, geb. 1940

Der Egoismus der Männer überrascht und schockt mich sogar jetzt noch. Gibt es eine Frau in meinem Bekanntenkreis, die von drei bis halb sechs in meinem Sessel sitzen kann, ohne auch nur zu vermuten, daß ich vielleicht beschäftigt, müde oder gelangweilt sein könnte; und so sitzen kann und redet, sich über ihre Sorgen und Schwierigkeiten murrend ausläßt; dann Schokolade ißt, dann ein Buch liest und letztendlich geht – augenscheinlich selbstgefällig und eingehüllt von einer Woge der Selbstzufriedenheit?

Virginia Woolf, englische Autorin, 1882–1941

Eine Idee zu verkörpern, das ist es, was ich all unseren deutschen Männern wünsche! Sie verlieren zu bald auf dem Kampfplatz ihre Federn und werden Philister.

Paula Modersohn-Becker, Malerin, 1876–1907

Wenn die Weiber nicht eitel wären, die Männer könnten sie es lehren.

Sprichwort

Manche Männer meinen, sie hätten einen Minderwertigkeitskomplex, dabei sind sie einfach minderwertig.

Graffiti

Sie können es sich gar nicht vorstellen, meine Damen, was Männer reden können und wie leidenschaftlich gern sie reden, wie zeitraubend und geradezu schmerzhaft für den logischen Verstand sie vom Thema abschweifen und schließlich überhaupt nicht mehr zum rettenden Hafen des Ausgangspunktes zurückfinden und in ihrer Verranntheit reden und reden und mit geschwollenem Kamme zu guter Letzt noch den ›Geist‹ bemühen – als ob sie überhaupt so sicher wissen, was ›Geist‹ in Wirklichkeit ist.

Xanthippe in »Gastmahl der Xanthippe« von Delphica

Die weisesten und besten Männer sind immer die bescheidensten.

Margaret Fuller, amerikanische Literatin, 1810–1850

Alles, was Männer wollen, ist Anerkennung und Unterstützung, Tag für Tag für Tag.

Camilla Paglia, amerikanische Autorin und Sozialkritikerin, geb. 1947

Die Beherrschung einer Frau macht einen Mann erst zum Mann – das heißt: zum Überlegenen.

Marilyn French, feministische Autorin, geb. 1917

Männer müssen Frauen verehren; schließlich müssen sie es irgendwie wiedergutmachen, was sie alles ganz allein verursacht haben.

Queen Victoria, britische Königin, 1819–1901

Sie, also die Männer, lieben es, Helden zu sein.

Fay Weldon, britische Schriftstellerin, geb. 1931

Wenn es natürlich wäre zu töten, warum müssen Männer es dann erst lernen?

Joan Baez, amerikanische Sängerin, geb. 1941

Selig der Mann, der nichts zu sagen hat und davon absieht, diese Tatsache durch Worte zu beweisen.

George Eliot, englische Romanschriftstellerin, 1819–188

Männer sind immer bereit, alles mögliche zu respektieren, was sie eigentlich langweilt.

Marilyn Monroe, amerikanischer Filmstar, 1926–1962

Ein energiegeladener Mann ist sehr viel attraktiver als ein schöner.

Louisa May Alcott, amerikanische Autorin, 1832–1888

Nichts ist an einem Mann so sexy wie sein Talent. Ein Mann erobert eine Frau vor allem durch Begabung.

Joan Plowright, Schauspielerin, 1846–1901

Sie dürfen nicht so schwatzhaft sein wie Männer. Sie sollen gescheit sein, aber nicht zu gescheit, sicher sein, aber nicht zu sicher. Sie müssen Rücksicht nehmen auf die männliche Eitelkeit.

Lilian Uchtenhagen, Politikerin

Wenn ein Mann seine Meinung äußert, ist er ein Mann. Wenn eine Frau dasselbe tut, ist sie ein Miststück.

Bette Davis, amerikanischer Filmstar, 1908–1989

Wo der Mann der Frau die Autotür öffnet, ist entweder die Frau neu oder das Auto.

Anonym

Männer wollen von ihren Frauen bewundert werden – auch wenn es nicht viel zu bewundern gibt.

Adele Duttweiler

Man respektiert einen Mann wegen seiner Stärke, aber lieben kann man ihn nur wegen seiner Schwächen.

Letizia Bonaparte, Mutter von Napoléon Bonaparte, 1750–1836

Männer haben mehr als genug Selbstbewußtsein, können sich eher zu gut behaupten und sind es von kleinauf gewöhnt, sich in einer gleichgeschlechtlichen Gruppe zu bewegen.

Cheryl Benard, geb. 1953,

Edit Schlaffer, geb. 1950, österreichisches Autorinnenduo

Der Mann steht im Mittelpunkt und somit allen Frauen im Weg.

Graffiti

Wenn ein Mann gewohnt ist, mit der Faust auf den Tisch zu schlagen, helfen dagegen am besten Reißzwecken.

Graffiti

Unter Diskussion verstehen Männer die Kunst, andere zum Reden zu bringen. Frauen verstehen darunter die Kunst, andere zum Schweigen zu bringen.

Jeanne Moreau, französische Schauspielerin, geb. 1928

Für die Frau ist das Auto ein Mittel zum Zweck.
Für den Mann ist das Auto ein Zweck, zu dem ihm manchmal die Mittel fehlen.

Joan Pitchfield

Männer, die Pfeife rauchen, haben eine verborgene Schwäche: Sie brauchen etwas, an dem sie sich festhalten können.

Norma Clarke

Mit der Eitelkeit des Mannes kämen zehn Frauen aus.

Dunja Rajter, Sängerin und Schauspielerin, geb. 1946

KAPITEL 16

MÄNNER & IHR BERUF

HAUPTSACHE KARRIERE

Es gibt nur sehr wenige Berufe, die wirklich eine Vagina oder einen Penis voraussetzen. Alle anderen sollten für jeden zugänglich sein.

Florence R. Kennedy, amerikanische Rechtsanwältin und Menschenrechts-Aktivistin, geb. 1916

Ich warte noch auf den Tag, an dem ein Mann um Rat fragt, wie er Familie und Karriere miteinander vereinbaren könne.

Gloria Steinem, US-amerikanische Feministin, geb. 1936

Die politische Männergesellschaft ist wie die katholische Kirche: Die Jungs sind Profis der Macht und wollen sie halten.

Alice Schwarzer, Journalistin, geb. 1943

Die einzigen Berufe, für die Männer nicht geeignet sind, sind die der Amme und zum Austragen von Kindern. Genauso ist der einzige Job, für den Frauen nicht geeignet und qualifiziert sind, der des Samenspenders.

Wilma Scott Heide, amerikanische Krankenschwester und Feministin, geb. 1926

Inzwischen mochte er genausowenig mit ihr über den Beruf reden, wie er es vor ihrer Heirat genossen hatte. Inzwischen sah er, daß sie nur zu gut verstand, und er fühlte die normale männliche Empörung über die Doppelzüngigkeit der Frau. Hinzu kam die übliche männliche Enttäuschung zu entdecken, daß eine Frau Verstand besitzt.

Margeret Mitchell in »Vom Winde verweht«, amerikanische Schriftstellerin, 1900–1949

Ich möchte in einem Vorstand lieber eine dumme Frau sehen als noch einen dummen Mann.

Alice Schwarzer, deutsche Journalistin und Feministin, geb. 1943

Die Männer sind im Grunde faul. Wenn alle Frauen Jobs hätten, würden die Männer zu Hause bleiben, Bier trinken und sich alle Fernsehprogramme anschauen.

Fürstin Gracia Patricia von Monaco, 1928–1982

Mancher Mann verdankt seinen Erfolg einer Frau, die ihm ständig zur Seite gestanden hat. Noch mehr Männer verdanken ihn aber einer Frau, die sie ständig in die Seite getreten hat.

Harriet Bowles

Viele erfolgreiche Männer haben keinerlei sichtbare Qualifikation außer der, keine Frau zu sein.

Virginia Woolf, amerikanische Schriftstellerin, 1882–1942

Was immer Frauen auch tun, sie müssen es doppelt so gut tun wie die Männer, um für halb so gut gehalten zu werden. Zum Glück ist das nicht weiter schwierig.

Charlotte Whitton, kanadische Politikerin und Sozialarbeiterin, 1896–1975

Ein »Selfmade Man« ist ein Mann, der an sein Glück glaubt und seinen Sohn nach Oxford schickt.

Christina Stead, australische Autorin, 1902–1983

Mächtige Männer sind oft durch die Hilfe ihrer Frauen erfolgreich. Mächtige Frauen sind nur erfolgreich trotz ihrer Männer.

Linda Lee-Potter, britische Journalistin, geb. 1948

Kein Mann kann sich einen liberalen oder radikalen oder auch nur einen konservativen Anwalt der Gleichberechtigung nennen, wenn seine Arbeit von der unterbezahlten oder gar nicht bezahlten Arbeit einer Frau zu Hause oder im Büro abhängig ist.

Gloria Steinem, amerikanische Feministin, geb. 1934

Männer gehen in den Ring und anschließend zusammen in die Kneipe, ins Bordell oder in die Koalitionsverhandlungen.

Alice Schwarzer, Journalistin, geb. 1943

Es gibt ja den schönen Spruch: Hinter jedem Mann, der erfolgreich ist, steht eine Frau, die ihn stützt. Und hinter jeder Frau, die erfolgreich ist, stehen drei Männer, die sie zurückhalten wollen.

Waltraud Schoppe, Politikerin der Grünen, geb. 1942

Wenn der Mann keinen Erfolg hat, meint er, er sei kein Mann. Wenn eine Frau keinen Erfolg hat, weiß sie immer noch, daß sie eine Frau ist.

Ida Ehre, deutsche Schauspielerin, 1900–1989

Man mag halt Männer, die Geld haben, denn die bezahlen die Miete und kaufen die Pelze. Das ist Sicherheit, und das hält länger als Gefühl.

Jane Birkin, englische Schauspielerin, geb. 1947

Hinter fast jeder erfolgreichen Frau, von der du gehört hast, steht ein Mann, der sie im Stich gelassen hat.

Anonym

Ich lebe nach den Regeln der Männer, um in eine Männer-Welt zu passen, doch niemals vergesse ich, daß die erste Aufgabe der Frau ist, den richtigen Lippenstiftfarbton zu finden.

Carole Lombard, amerikanische Schauspielerin, 1908–1942

Viele Männer haben Angst, daß Frauen sich als gleichwertig, manchmal sogar überlegen erweisen könnten. In festgefügten Konzernhierarchien muß eine Frau auf dem Weg nach oben viele Männer überholen. Und Männer lassen sich ungern überholen.

Sonja Bischoff, Dozentin für Wirtschaft und Politik, geb. 1947

Der Mann ist ein Mensch, der arbeitet.

Esther Vilar, Autorin und Feministin, geb. 1935

Wenn Männer Gesinnungsgenossen um sich scharen, dann wird marschiert und mehr oder minder gleichgeschaltet.

Xanthippe in »Gastmahl der Xanthippe« von Delphica

Auch heute noch erweisen sich die Männer zu manchem Unerhörten fähig: Sie buddeln nach versunkenen Kulturen im Wüstensand, kämpfen keuchend um einen Fußball oder schleppen irgendeine Fahne ins Weltall. Alles mögliche bringen sie fertig wegen eines Fußballs oder einer Fahne – aber kaum wegen einer Frau.

Leona Siebenschön, zeitgenössische deutsche Autorin, geb. 1933

Die Männer sind stolz darauf, beim Denken Gefühlsmomente ausschalten zu können, und setzen ihren ganzen Ehrgeiz darein, diese Fähigkeit bis zur höchsten Potenz zu entwickeln.

Xanthippe in »Gastmahl der Xanthippe« von Delphica

Zuviel Ehrgeiz macht einen Mann ungemütlich und geht auf Kosten seiner Heiterkeit.

Irmgard Keun, deutsche Autorin, geb. 1905

Der Mann denkt in Kästchen, in die er das ›Denkmaterial‹ hübsch verteilt, sie benennt und mit einem Schlagwortzettel versieht.

Xanthippe im »Gastmahl der Xanthippe« von Delphica

Was ich an der Arbeit der Männer wirklich liebe, ist, daß sie so gefeiert wird.

Janet Burroway, amerikanische Schriftstellerin, geb. 1938

Die Macht des Geldes ist eine ausschließlich männliche Macht. Geld regiert die Welt, doch es ist eine rein männliche Regierung.

Andrea Dworkin, amerikanische Feministin und Journalistin, geb. 1946

Männer glauben felsenfest und unerschütterlich an Eigennutz, Kraft und Zielstrebigkeit. Ihre Utopie von der Gesellschaft ist die einer Gemeinschaft von Personen, die alle konsequent ihrem Eigennutz nachgehen, wobei die Stärkeren sich durchsetzen, die Schwächeren sich abfinden und die Ausbeutung in Grenzen bleibt, weil allzu viele Konflikte den Ablauf des Betriebes stören.

Cheryl Benard, geb. 1953,

Edit Schlaffer, geb. 1950, österreichisches Autorinnenduo

Das Leben des Mannes dreht sich mit zwanzig Jahren um die Liebe, mit dreißig um den Beruf, mit vierzig um das Geld, mit fünfzig um den Titel und mit sechzig um die Verdauung. Das Leben der Frau dreht sich immer um die Liebe.

Anonym

Männer in Positionen, die viel mit Selbstdarstellung zu tun haben, umgeben sich gern mit Karrierefrauen als Statussymbol. Viele Männer in machtorientierten Berufen, wie Anwälte und Topmanager, erwarten andererseits, daß ihnen die Frau abends ihr Essen vorsetzt.

Sonja Bischoff, Dozentin für Wirtschaft und Politik, geb. 1947

Männer helfen einer Frau lieber aus dem Mantel als in eine interessante Stellung.

Carmen Thomas, deutsche Journalistin

Frauen rackern wie Männer. Aber sie sind nicht so verdammt stolz darauf.

Cornelia Schmalz-Jacobsen, Politikerin, geb. 1934

Eine Sache, die mich die Politik gelehrt hat, ist, daß Männer weder ein vom Verstand gelenktes noch ein verständliches Geschlecht sind.

Margaret Thatcher, englische Politikerin, geb. 1925

Wenn man nicht davon überzeugt wäre, daß die Politik ein ausgeklügeltes Spiel für einen Haufen von Männern ist, die gut vorbereitet sind, könnte man trübsinnig werden; manchmal ist man es auch.

Virginia Woolf, amerikanische Autorin, 1828–1941

Reden ist für Männer nur dazu da, ihre Unabhängigkeit zu erhalten und die soziale Hierarchie entweder zu verneinen oder zu erhalten.

Deborah Tannen, zeitgenössische amerikanische Linguistin

Wenn man in der Politik etwas gesagt haben möchte, dann fragt man einen Mann; wenn man etwas getan haben möchte, eine Frau.

Margaret Thatcher, englische Politikerin, geb. 1925

In der Politik schreiben Frauen die Briefe, kleben Briefmarken, verteilen Pamphlete und gehen wählen. Männer werden gewählt.

Clare Booth Luce, amerikanische Diplomatin und Autorin, 1903–1987

Alle Schritte großer Männer lassen sich so wenig nachmachen wie beurteilen.

Susanne von Klettenberg, Schriftstellerin, 1723–1774

Ich habe meinem Mann immer gesagt: Wenn er mir etwas verständlich machen könne, würde es auch allen anderen Menschen in diesem Land klar werden.

Eleanor Roosevelt, UN-Diplomatin und Ehefrau von US-Präsident Theodor Roosevelt, 1884–1962

Ein Mann mit großen Ideen ist ein unbequemer Nachbar.

Marie von Ebner-Eschenbach, deutsche Schriftstellerin, 1830–1916

Wo junge Männer planen, was sie erreichen und welche Ziele sie verfolgen wollen, da planen junge Frauen, für wen sie etwas erreichen und Ziele verfolgen wollen.

Charlotte Perkins Gilman, amerikanische Autorin und Dozentin, 1869–1935

Um jemand zu sein, muß eine Frau nicht wie ein Mann sein, sondern muß mehr als eine Frau sein.

Dr. Sally E. Shaywitz, amerikanische Physikerin, geb. 1942

Wenn ein Mann aufsteht, um zu sprechen, hören die Leute zu und schauen dann. Wenn eine Frau aufsteht, *schauen* die Leute; dann, wenn ihnen gefällt, was sie sehen, hören sie zu.

Pauline Frederick, amerikanische Nachrichtenkorrespondentin, 1908–1991

Jungen werden in die Welt geschickt, um sich mit den Versuchungen herumzuschlagen, sich mit Gut und Böse auseinanderzusetzen, um zu regieren und zu befehlen... Mädchen, um in ruhigen Häusern zwischen ein paar Freunden zu leben, lautlos zu beeinflussen, ergeben und bescheiden zu sein.

Elizabeth Missing Sewell, englische Schriftstellerin, 1815–1906

Wie sähe die Welt ohne Männer aus?
Keine Gewalt, keine Kriege und lauter dicke, glückliche Frauen.

Graffiti

Wenn Männer den Lauf der Welt bestimmen, warum können sie nicht aufhören, Krawatten zu tragen? Wie intelligent ist es, den Tag damit zu beginnen, sich ein kleines Stück Stoff um den Hals zu binden?

Linda Ellerbee, amerikanische Journalistin, geb. 1944

Daß Männer gescheiter sind als Frauen, ist klar.
Genauso klar ist, daß die Erde eine Scheibe ist.

Grafitti

Eine gescheite Frau hat Millionen geborene Feinde: alle dummen Männer.

Marie von Ebner-Eschenbach, deutsche Schriftstellerin, 1830–1916

Es scheint, daß nichts Männer so zusammenschweißt wie das Töten anderer Männer.

Susan Glaspell, amerikanische Theaterautorin, 1882–1948

Der männliche Geist braucht immer einen Antagonisten, um zu Erfolg und Fortschritt zu kommen.

Charlotte Perkins Gilman, amerikanische Feministin, 1860–1935

Einst wurde Macht als rein männliches Attribut betrachtet. Es ist allerdings so, daß Macht kein Geschlecht hat.

Katherine Graham, amerikanische Verlegerin, geb. 1917

Wenn ein Mann Karriere macht, fragt kein Mensch: Und was machen Sie mit ihren Kindern?
Bei Frauen fragt man das immer.
Warum eigentlich?

Senta Berger, Schauspielerin und Filmproduzentin, geb. 1941

Die Männer sind merkwürdige Geschöpfe: Im Beruf wollen sie hoch hinaus, aber bei den Frauen zielen sie mehr auf die Mitte.

Helen Vita, Schauspielerin, geb. 1928

Männer sind mit ihrem Beruf verheiratet, aber eine Frau sollte wenigstens erreichen können, daß der Mann seinen Beruf mit ihr betrügt.

Diane Pinkwood, englische Modedesignerin

Wenn man sich die großen Fanatiker des Jahrhunderts ansieht, dann wird man feststellen, daß sie alle keine feste Frau hatten, angefangen von Hitler über Stalin, Fidel Castro bis hin zu meinem Landsmann Che Guevara.

Esther Vilar, feministische Autorin, geb. 1935

Je größer der Schreibtisch, desto kleiner der Mann.

Anna Ford, zeitgenössische englische Autorin

Quellenverzeichnis

Ahlemann, Jutta:
Adele Sandrock – Geschichten eines Lebens
Ullstein Verlag, Frankfurt, 1987.

All men are bastards – Adress Book
Pan Books Limited, London, 1992.

Benard, Cheryl:
Schlaffer, Edit:
Ohne uns seid ihr nichts – was Frauen für Männer bedeuten
Wilhelm Heyne Verlag München, 1994.

Benard, Cheryl:
Schlaffer, Edit:
Männer – Eine Gebrauchsanweisung
Rowohlt Taschenbuch-Verlag, Reinbek bei Hamburg, 1988.

Benard, Cheryl:
Schlaffer, Edit:
Liebesgeschichten aus dem Patriarchat
Rowohlt Verlag, Reinbek bei Hamburg, 1981.

Buergel-Goodwin, Ulrike:
MannsBilder von Frauen
Deutscher Taschenbuchverlag, München, 1993.

Byrne, Robert:
Geistesblitze
Rowohlt Taschenbuchverlag, Reinbek bei Hamburg, 1991.

Quellenverzeichnis

Cohn, M.J. und J.M.:
Dictionary of Modern Quotations
Penguin Books, London, 1980.

Delphica:
Das Gastmahl der Xanthippe
eFeF-Verlag Zürich, 1990.

Dunkel, Elizabeth:
Der Fisch ohne Fahrrad
Originalausgabe »Every Women Loves a Russian Poet«
Copyright by Elizabeth Dunkel, New York, 1988.

Eichelberger, Ursula:
Zitatenlexikon
VEB Bibliographisches Institut, 1981.

Evans, Mary:
Simone de Beauvoir
Daedalus-Verlag, Rheda-Wiedenbrück, 1986.

Fitz, Lisa:
Die heilige Hur´
Bleicher Verlag, Gerlingen, 1988.

Franz, Angelika:
Das endgültige Buch der Sprüche & Graffiti
Wilhelm Heyne Verlag, München, 1993.

Gerr, Elke:
4000 Sprichwörter und Zitate
Humboldt Taschenbuchverlag, München, 1989.

Grunow, Alfred:
Führende Worte
Haude & Spener, Berlin, 1962.

Hellwig, Georg:
Zitate und Sprichwörter von A-Z
Bertelsmann Lexikon-Verlag, Gütersloh, 1974:

Huber, Lotti:
Diese Zitrone hat noch viel Saft! – Ein Leben
Edition Diá, St. Galllen, 1990.

Jürgen, Christiane:
Männer sind wie Zwiebeln
Eichborn Verlag, Frankfurt, 1991.

Lenthe, Sophie von:
Die Zukunft den Frauen
Goldmann Verlag, München, 1993.

Lesser, Peter:
Das aktuelle Zitatenhandbuch von A bis Z
WEKA, Fachverlag für Geschäftsführung und Managment, 1988.

Maaß, Winfried:
Worte der Woche
Stern-Buch im Verlag Gruner und Jahr, Hamburg, 1988.

Mackensen, Lutz:
Zitate, Redensarten, Sprichwörter
Verlag Werner Dausien, Hanau, 1981.

Quellenverzeichnis

Maurer, Doris:
Eleonora Duse
Rowohlt Taschenbuchverlag, Reinbek bei Hamburg, 1988.

Peltzer, Karl:
von Normann, Reinhard
Das treffende Zitat
Ott Verlag, Thun, 1979.

Puntsch, Eberhard:
Zitatehandbuch
MVG – Moderne Verlags GmbH, München, 1966.

Ronner, Marcus M.:
Die treffende Pointe
Ott Verlag, Thun, 1974.

Sichtermann, Barbara:
Wer ist wer? Über den Unterschied der Geschlechter
Verlag Klaus Wagenbach, Berlin, 1986.

Schiff, Michael:
Das große Handbuch moderner Zitate des 20. Jahrhunderts
MVG Moderne Verlags GmbH, München 1968

Sponti-Sprüche
Ich geh' kaputt, gehst du mit?
Eichborn Verlag, Frankfurt, 1981.

Stibbs, Anne:
Words of Women
Bloomsbury, London, 1993.

Tange, Ernst Günther:
Die Klugheit ist weiblich
Eichborn Verlag, Frankfurt, 1993.

The Quotable Woman
Pavillon Books Limited, London, 1991.

Wolf, Naomi:
Der Mythos Schönheit
Rowohlt Taschenbuch Verlag, Reinbek bei Hamburg, 1993.

Wylie, Betty Jane:
Men! Quotations about Men, by Women
Key Porter Books, Cananda 1993

Zoozmann, Richard:
Dr. Otto A. Kielmeyer:
Zitatenschatz der Weltliteratur
Rowohlt Taschenbuchverlag, Reinbek bei Hamburg, 1988., 1988.

Zoozmann, Richard:
Zitatenschatz der Weltliterartur
Verlag Praktisches Wissen, F.W. Peters, Berlin 1964.